「富士そば」は、なぜアルバイトにボーナスを出すのか

丹道夫
Tan Michio

はじめに

「富士そばは、アルバイトにもボーナスを出すんですか？」

富士そばの会長としてインタビューに応えて会社の仕組みを説明したところ、驚かれたことがあります。よほど物珍しかったのでしょうか、そのインタビュー記事は話題になったようで、「富士そばって、ふしぎな会社だな」という声が耳に届くようになりました。

ふしぎに思われているのはボーナスの話だけではないようです。他に話題になることが多いものを挙げてみましょう。たとえば、飲食店のチェーンなのに細かいマニュアルが存在しない。業務時間中に買い物に出ても怒られない。店舗ごとにメニューが違う。おまけに、「トルネードポテトそば」などという、とんでもなく個性的なメニューがある……。

富士そばは、東京を中心に展開する立ち食いそば屋です。二〇一七年一〇月現在、店舗数は国内外合わせて約一三〇店舗で、従業員は一〇〇〇名弱。多くの店が駅前にあってサラリーマンの利用が多く、かけそばを一杯三〇〇円で提供しています。首都圏の方には馴《な》染《じ》みがあるかもしれませんが、出店していない他の地域の方からすれば、富士そばは一層謎の存在として映るかもしれません。

また、社内の従業員からも「会長はふしぎな人だな」と思われることがあるようです。出店する候補物件を見に行くと、数秒で判断を下してしまう。駅前に立って、通行人の服の色やタクシーの運転手を観察している。そして、演歌の作詞をしているらしい……。

演歌だけは個人的な趣味の話ですが、その他の行動は決して奇をてらっているわけではありません。すべての行動には意味があります。私は経営者として正しいこと、さらにいえば従業員に利益をもたらすことだけをやっているつもりなのです。

富士そばを三六歳で立ち上げるまで、私はいろいろな仕事をしてきました。少年時代を過ごした四国では八百屋さんや油屋さんに勤め、上京してからは弁当屋さんに身を置きました。炭鉱で働いたこともあれば、弁当屋を経営した後、不動産業を始めたりと、経験の広さと味わった苦労は、それなりのものであると自負しています。そしてそうした数々の経験から学んだ「商いとして当たり前のこと」を実践しているのが、富士そばの経営です。

全国に一〇〇〇店舗以上展開しているような有名ファストフード店やレストランと比べ

ると、同じチェーン店と言っても富士そばの経営規模は小さいものです。斬新なオペレーションがあるわけでも、最新鋭のテクノロジーがあるわけでもありません。しかし、お客様と従業員を大事にしながら一店一店を疎かにしない経営を心がけ、創業から四〇年以上の時間をかけて着実に店舗を増やしてきました。

景気が劇的に上向くことがない現在、多くの企業の経営は様々な苦難に直面しているのではないでしょうか。そんな状況の中で、私にとっての「当たり前」を公開することで、日本中の経営者や従業員の方々に、さらに大げさにいえばこの国全体に、少しは良い影響を与えられるかもしれない。不遜ながらそんなことを考えていた矢先に、経営に関する哲学を本にまとめないかというご提案をいただきました。

もし、この本を手に取ってくださった方が、富士そばという会社とその仕組みに少しでも興味があるならば、私の話にお付き合いいただければ幸いです。ひとつひとつの「ふしぎ」にはちゃんと理由があるということが、きっとおわかりいただけるでしょうから。

それでは「ふしぎ」な富士そばの仕組みについて、これからお話ししていきましょう。

目次

＊本書に記載されている「名代富士そば」の店舗・商品などに関する情報は、２０１７年10月現在のものです。

構成／鈴木　工　図版作成／クリエイティブメッセンジャー

第一章　なぜアルバイトにボーナスを出すのか

「はじめに」でご紹介したように、富士そばにはふしぎな仕組みが多いと言われます。しかし、私が最も大切にしていることは、突き詰めればたった一つだけ。それは一言でいえば、「従業員をなるべく大切に扱う」という、至極当たり前の方針です。そんなあまりにもシンプルな考え方が、今の時代にはかえって新鮮に映るのかもしれません。

本章では従業員に対し私がどう接し、どのように考えて富士そばの仕組みをつくっているか、その中でも世間で最もよく知られているものに絞って説明していこうと思います。

自由に働ける環境があれば、やる気も生まれてくる

合言葉は「うまくやってくれ」

富士そばには創業当時から細かいマニュアルがありません。マニュアルがなければ飲食チェーン店は成り立たないと思っている方が多いようで、この話をすると驚かれます。

全く存在しない、といえば嘘《うそ》になります。ですが、ほとんどないと言って良いでしょう。

たとえば、そばの調理。「生麺をお湯に入れて、茹《ゆ》でるのは何秒」といったマニュアルは一応あります。ただし、それは「一応」。「マニュアルは参考程度にしてもらって、最終的には自由に調理してもらって良い」と従業員には伝えています。

調理の工程に、そばの湯切りがあります。そばをお湯からすくい、振りザルでチャッチャッと振って、余計な水気を切る作業です。

最初、私は振る回数を決めていました。しかし周りから、「それぞれのやり方があるんですから、回数は決めない方が良いです」と提案されました。現場経験の少ない私が言うことだから、みんな聞いてくれないのかなと思っていたら、湯切りの上手な従業員が「こうやるんだ」と指導しても、誰も真似《まね》していないのです。

実際に試してみるとわかりますが、少しだけ振ってその後しばらく待つというやり方もあれば、素早く振って少しだけ待つというやり方もある。人それぞれです。一日に何百回も振っていると腕が痛くなるから、最終的にはみんな自己流のやりやすい、そして美味《おい》しいと思える振り方に落ち着いていくのです。

そば湯が残ってつゆの中に入ると味が薄まり、まずくなってしまう。だからそば湯は切る。これは必ず守ってもらいます。ただしどう切るか、何回切るかは各自にお任せです。私が好んで使う言葉があります。「**細かいことは良いから、うまくやってくれ**」。調理もまさにそれ。出来上がりさえ良ければ、自己流も大歓迎です。

現在では、湯切りは機械を導入している店舗もあるので、そこでは従業員が行うことはありませんが、湯切り以外のあらゆる作業についても基本的な考え方は変わりません。

マニュアルよりも大事なものがある

富士そばには接客マニュアルも、ほぼありません。せいぜい、入社時に接客の基本を説いたDVDを見せるぐらいです。

従業員教育については、研修センターがあります。ですが、現場でどうふるまえば良いかは、お店に実際立った方が早いし、身につきやすい。なので、まずはお店に出て仕事を覚えてもらっています。

たとえば「いらっしゃいませ」の挨拶は、どうやってすれば良いか。これも本人の自由で、任せています。仮に「口角を上げて、お客様の鼻のあたりを見ながら、首を前に三〇度傾けなさい」と形をきびしく強制したところで、そうしてつくった笑顔に生気がなかったら、お客様は良い気分にならないはずです。

昔、あるお客様から、「富士そばにはとても上品な言葉で接客する従業員がいるんですね」と教えてもらったことがありました。どうも、その当時採用したばかりの、新宿の三光町店で働いている四〇代の女性のことのようでした。

そこでお店を見に行くと、確かに言葉遣いが上品で、接客も丁寧すぎるぐらいに丁寧な女性の従業員が働いていました。立ち食いそば屋は基本的に男性の利用客が多いので、その存在は異彩を放っていました。

実は彼女は、富士そばの前にシティホテルで働いていたというのです。店内で少し浮いているような気もしましたが、このまま続けてもらえば良いと私は思いました。くだけた感じにしてもらう必要も、彼女の接客を他の従業員に真似させる必要もありません。

というのも、彼女に感心したのは、言葉や接客術以上に、お客様をもてなす気持ちが伝わってきたからなのです。勘違いしている方も多いようですが、接客業で大事なのはマニュアルに忠実に動けているかどうかではありません。できるかぎり心をこめて、自然に対応しているかどうかです。

理想は、お客様のためになることを考えて、自然と身体《からだ》が動き、言葉を発しているような状態です。ただ、そこまでのサービス精神を持ちあわせるのもなかなか難しい。私は自発的に動く動機が、自分の欲のためでも一向に構わないと思っています。さらにいえば、人間は自分の欲に従って動いているときが最も自発的になり、良いサービスを提供できるのではないでしょうか。マニュアルは本質ではないのです。

「会社には良くしてもらっているから、少しでも役に立とう」でも、「良いサービスを提供することで評価されて、昇給したい」でも良い。これをやれば自分たちの利益になると思えば、いちいち上から言われなくても自発的に行動するはずです。自分の意思で動いていれば、そのうち「いらっしゃいませ」という言葉一つにも、心はこもってくるでしょう。

自由であればあるほど良い

決まりごとが少ない富士そばですが、さすがに制服はあります。

お客様と接する商売ですから、清潔な服を着てもらいたい。春になると、デザイン担当者が集まっては「今年はどんなイメージにしようか」と何度も話しあいを重ね、決めていきます。

ただし本社の社員にかぎっては、服装は自由です。ネクタイをしてもしなくても良いし、極端な話、ポロシャツにジーパンでも良い。今の社長もファッションにこだわらない性格なので、スポーツをした後、パーカーで会社に来たりしています。一見すると、とても経営者には見えないのではないかと思います。

フロアを見渡すと、社員の服装には統一感がほとんどありません。私は、各自が仕事をしやすくて、過ごしやすい服を着れば良いと考えています。

社員にはなるべく自由にやらせて、個性的に生き生きと働いてほしい。理由は単純。そうすると長く続くからです。どうでもいいような規則や慣習を押しつけられるほど、ストレスが溜《た》まって、長続きしないものです。

こんな調子なので、私が報告・連絡・相談のいわゆる「ホウレンソウ」を部下に求めることも、出店先の物件の判断など、いくつかの例外を除くと、ほとんどありません。実はそもそも「ホウレンソウ」という言葉自体、最近まで知りませんでした。

ひょっとすると、「そんなこと、いちいち報告しなくていいよ！」と言ったことの方が、圧倒的に多いかもしれません。基本的に、大体のことは「自分で判断しなさい」と、社員に任せるようにしています。自分で考えて、自分で良いと思ったならば、そのまま自主的に進めて構わない。たとえそれで失敗をしたとしても、その経験も一つの学びになるわけで、決して無駄にはなりませんから。

業務時間中に抜け出しても構わない

無断欠勤や、決められた予定への遅刻はもちろん認められませんが、働く時間も可能なかぎり自由であるべきです。本社でも店舗でも、各人の細かい時間のやりくりについては私はほとんど気にしません。

仮に現場で八時間のシフトで入っていた従業員が、諸事情のために残り一時間の時点で帰りたくなって、その直後のシフトを担当する従業員が「じゃあ自分がその一時間働くよ」と申し出たとします。先ほど述べたように、私の好きな言葉は「**うまくやってくれ**」。現場で話しあって、他の人がカバーしてくれて帳尻が合えば、何の問題もありません。

以前、ある女性従業員が「すみません。私用でちょっと買い物に行ってきます」と上司に声をかけて、お店からしばらくの間、姿を消したことがあるそうです。人によっては「就業時間中に何を外出しているんだ！」と怒るかもしれませんが、私は別に構わないと思いました。上司にきちんと断りを入れていますし、彼女が少しの間いなくても店が回るのであれば、誰も迷惑をしていないわけですから。

「決まったシフトを破って一時間先に帰しては、他の従業員に示しがつかない」「例外を認めれば、それが二時間、三時間に及ぶ可能性があり、延《ひ》いては規律が乱れる」などの理由で、こうした勝手を許さない会社もあるかもしれません。それでも、帳尻さえ合わせれば、柔軟にやっている部分に関しては文句を言われないという組織の方が、従業員も気が楽に感じるのではないでしょうか。

以前、傾いている会社を立て直そうと、コストカットに励む経営者があれこれ細かく指示をしたという事例を紹介した本を読んだことがあります。なんでも、鉛筆一本一本の削り方まで細かく指導したといいます。

確かに社員を自由にさせすぎてしまうと、無駄遣いをする可能性があるので、そういう引き締めも時には大切です。きめの細かい経営を否定する気はありません。ただ、私は「鉛筆の削り方まで指導されたら、社員は息苦しいだろうなあ」と思ってしまうのです。

そこは結局、人間の性格なのだと思います。私は細かいことを指示するのが苦手だし、そこまで徹底する能力もありません。それよりも「うまくやってくれ」の一言で、組織が機能してくれた方が、ありがたいし気分が良いものです。

よく話題になる新メニュー

富士そばの定番メニューといえば、かけそば、もりそば、ざるそば、天ぷらそば。これらがすべてのお店で提供している基本メニューです。

それ以外のメニュー構成は、係長と店長で決めていて、店舗ごとに違います。渋谷や学生街のように若い人が多い街のお店は、肉がたっぷり入ったボリューム系が人気。御徒町《おかちまち》や巣鴨といった、お年寄りが多い街では、サッパリ系が好まれる。同じ東京の中でも地域差があり、求められるものは全く違うのです。

現在、富士そばのつゆは全店がスープサーバーを使っているので、味が統一されています。つまり、そばの個性は上に何をのせるかで決まってくる、と言っても良いでしょう。

これまでも一風変わったそばが誕生してきました。個人的に最も印象深いのが、「トーストそば」。その名の通り、そばの上に焼いたトーストをのせるのです。斬新でしょう！ ただ、残念ながらあまり売れませんでしたが。

最近評判になったのが、「まるごとトマトそば」です。そばの上にトマトがまるごと一個置いてあり、色目といい、取り合わせといい、相当インパクトがあります。インターネットで「なんだこれは？」と話題になったため、考案した店長には広報賞が与えられました。

「パキスタン風激辛カレーそば」もありました。これはイスラム教のハラル（イスラム法において「合法」であるもののこと。この場合はイスラム教徒が食べて良いもののことを指す）が近年では日本でも求められる中で、富士そばでも何か提供できないか？という話になったのが発端でした。結局、ハラルは規定がとても厳しいため、具体的なメニューの開発は断念したのですが、その過程で副産物として誕生した商品です。

フライドポテトをのせた「ポテそば」や、たこ焼きをのせた「揚げたこ焼きそば」も開発したことがあります。絶対人気が出ないだろうなと期待せずにいたら、これが結構売れてしまった。やってみないと案外わからないものです。

私が提案したメニューもあります。健康的なメニューを提供したくて、毎日野菜を摂《と》ってもらうのが一番良いと、「サラダうどん」を発案しました。しかし、温かいうどんの上に生野菜をのせても美味しくありません。そこで思いついたのが、茹で野菜です。キャベツ、にんじん、ブロッコリーなどを茹でて、うどんのつゆをかけ、油を垂らす。店舗で試しに出したところ、昼に二〇食ぐらいは売れるけど、発売から時間が経《た》って目新しさが失われてくると、だんだん売れ行きが落ちてきたとのこと。天ぷらそばみたいに定着すればいいな、と淡い期待を抱いていたのですが、苦労したわりに、あまり売上は伸びませんでした。

メニュー開発のひみつ

ここまで読まれた方の多くは、「よくもまあ、これだけいろいろなメニューを考えるな」と思ったことでしょう。実は、そんな富士そばのメニューには、二つのひみつがあります。

まず、このメニューを考えているのは商品企画部などの専門部署の社員ではなく、店長をはじめとして、現場で働いている従業員だということ。社内でアイデアを募っては、どんどん採用しています。

そのために、前述したような大胆なメニューが店頭に並ぶのです。大胆すぎるので、企画のプロにメニューを見せでもしたら、「いったい何だ、この『トーストそば』って。こんなもの、売れるわけがないだろう！」とお叱りを受けてしまうかもしれません。

しかしながら、日ごろお客様に接していて、その需要を目の前で感じているのは現場の従業員たちです。同世代の若者が店を利用していたら、「安くてボリュームがあるものを食べたがっているんだな。ポテトも食べたいに違いない」と肌感覚でわかる。そこで「こういうメニューがあれば売れるのに」という発想が生まれてくるのは自然なことです。

ですから、思いついたアイデアは全部出してくれと全社的に伝えており、実際に最優先させるようにしています。

最優先とはどういうことか。これがもう一つのひみつで、従業員が私のところまで提案してきたメニューは、基本的に全部店頭に出すようにしているのです。

今まで、「君、こんなのダメだよ」「これはさすがにちょっと……」などと言って、無理やり私が却下したことは一度もありません。

もちろん「これは売れないいんじゃないか?」と思ったことは何度もあります。「トーストそば」なんて、炭水化物の重ね食いになってしまうので、人気が出るはずがないと諦めていました。

しかし、どれだけ難しいと思っていても、店には出します。従業員が熱意をこめて提案したメニューを簡単に足蹴にしてしまったら、そのうち誰もアイデアを出さなくなってしまうし、従業員が自由に意見を言えなくなるからです。せっかく一生懸命考えたものなのだから、大事にして、育てるようにしているわけです。

やる気を殺《そ》ぐような言葉を発しない

「そば茶プリン」という商品もありました。これは富士そばに来る前に一流フルーツパーラーでパティシエとして働いていた従業員が、その経験を生かして発案したものです。私は彼の挑戦を楽しみに見守っていました。

従業員からすれば、「トーストそば」や「そば茶プリン」が店頭に出ることで、「この会社は意見を出せば、ちゃんと受け止めてくれるんだな」と勇気を得ることができて、やる気につながっていくはずだと考えたのです。

ただし、新メニューが定着して残るかどうかは、ひとえに売上次第。お客様に支持されれば残っていくし、売上がふるわなかったら淘汰《とうた》されていきます。どれが残るかは、やってみないとわからないものです。

富士そばでは年間にメニューの一五パーセントが更新されていきます。こうした新陳代謝が起こると、お客様は飽きを覚えないので客足が衰えず、売上が安定します。中には、期待していなかった「ポテそば」のように意外なヒットが生まれることもあり、それは経営者として嬉《うれ》しい誤算です。

何よりも気をつけているのは、**従業員のやる気を殺ぐような言葉を決して発しないこと**。しかし、世の中にはここで躓《つまず》く経営者が実に多いように思います。

「君のアイデアは全然良いと思えない」「そんなのやらなくても結果が見えているだろう」そうした言葉を口にすれば、従業員は白けてしまうでしょう。否定的な言葉を叩《たた》きつけるのではなく、まずは「君に任せた。やってみなさい！」と前向きにリードするべきです。

儲《もう》けるのもほどほどで、余裕があるのが一番

報奨金は年に一〇〇〇万円以上

富士そばには報奨金制度があります。

昔は一番良い結果を出した会社（グループ）だけに報奨金を出していました（会社を分ける「分社制度」については第三章で詳しく説明します）。しかし今では、あらかじめ枠を決めず、目標をクリアした全員に与える制度になりました。具体的には、売上が前年比一〇〇パーセント以上を達成した店舗すべてに対して、アルバイトを含めた従業員全員に支給します。達成率が高いほど、報奨金が高くなるシステムです。

また、その年全体での利益が前年を上回った会社には、そのグループ全体に報奨金を出します。常務、係長、事務員、さらに店長、お店の従業員にも出されます。

その他にも広報賞、全店舗に広がるような人気メニューを考え出した社員を称《たた》える「ホームラン賞」、会社の売上に大きく貢献した従業員に与えられる「社長賞」など、さまざまな報奨金を用意しています。先日、一年あたりの報奨金の合計金額を計算してみたところ、なんと一〇〇〇万円を超えることがわかり、びっくりしてしまいました。

頑張れば頑張るだけ自分たちに返ってくると保証されているので、店長は部下を「頑張れよ」と鼓舞しやすくなります。またグループ全体が潤うことになるので、全員が一丸となって利益・売上をあげようと努力します。

結果、私が何も言わなくても、自発的に売上を伸ばそうと知恵を絞ったりして、全力で頑張ってくれるのです。

海外旅行もプレゼント

富士そばでは社員へのねぎらいとして、年に一回、海外旅行の機会を用意しています。富士そばの組織体系としては、会長、社長、そして各会社のトップとして常務がいます。その下で複数のお店を見ているのが係長。店ごとに店長、その下に店長補佐的なポジションの主任がいます。ここまでが正社員で、あとはアルバイトになります。海外旅行に行けるのは、正社員の主任まで。アルバイトの皆さんまでもが旅行で抜けてしまうと、経営が成り立たなくなってしまうためです。このことは申し訳なく思っています。

また、さすがに全社が一斉に出かけるわけにはいかないので、グループごとに交代で旅行の予定を組むようにしています。

どこへ行くかはグループにお任せ。自分たちで決めてもらいます。予算は一人あたり約二〇万円で、日程は三日ぐらいで帰ってこられるならば、どこへ行っても構いません。

遠いところでは、ハワイに行ったグループがいました。ハワイは片道七時間かかるため、旅行期間が三日程度だと、ゆっくり過ごすのは難しい。私は他の地域にした方が良いのではないかと思ったのですが、彼らがどうしてもハワイが良いというので、反対しませんでした。結果、ハワイで休暇を満喫して帰ってきました。身体が多少疲れていても、満足感があれば心身ともにリフレッシュするものらしく、帰国後はバリバリと働いていました。

また、アルバイトを含めて富士そばで働いている従業員は、休憩時間にまかないとして店のメニューを自由に食べて良いことになっています。

以前、ある飲食店を訪れたとき、注文を取ってくれる店員さんに「このメニュー、美味しいですか？」と聞いたところ、「私は従業員だから、食べられないんです」という答えが返ってきたことがありました。

お客様にメニューについて聞かれたときに「わかりません」では話になりません。だから、富士そばではメニューにあるものはなんでも食べて良いことにしています。天ぷらそばでも、かつ丼でも、好きなものを食べられます。

特にアルバイトにとって、ご飯代は馬鹿にならないもの。職場でまかないがつくのは相当嬉しいし、助かるものです。なにせ私が若いころ、そうでしたから。また、まかないを食べながら新しいメニューを思いつくことがあれば、将来それがヒットする可能性もあるわけで、そう考えると会社にとって悪くないことです。

ちなみに、まかないを食べている時間も時給が発生します。「業務時間」なので、当然です。

人間、ほどほどに儲けるのが一番

一年で最もそばが消費される日。それはおそらく大晦日《おおみそか》ではないでしょうか。普段は閑古鳥が鳴いているようなおそば屋さんでさえも、この日ばかりは繁盛します。

しかし富士そばでは長らく、かきいれどきの大晦日は休業していました。そば屋であるにもかかわらず、年越しそばを提供していなかったのです。

お客様から年越しそばを食べたい、という声はありました。それでも営業しなかった理由の一つは、年末の売上です。富士そばが店舗を出しているのは、東京を中心とする首都圏。冬休みに入ると帰省によって人が減ってしまい、大晦日ともなれば、人はほとんどおらず、一二月二七、二八日ごろから売上が減っていくのが普通でした。

二つ目の理由は、従業員の休日です。一年を通してあくせくと働いているのだから、年末年始くらいは家族で過ごしてもらいたい。そんな考えで、店を休業していたのです。

しかし近年、インターネットを介して、「そば屋が年末に店を開けないとはどういうことだ！」という意見が会社に直接届くようになり、そこまで望まれているのだという状況に思い至りました。そこで年越しそばをやろうと、数年前から始めたのです。

営業してみて感じたのは、時代が変わったということです。昔は暮れになると多くの人が故郷に帰って、都心はどんどん静かになっていったものです。しかし最近では年末に帰省しない人が増えてきたし、それどころか年越しに合わせて東京に遊びに来る人もいます。だから年末の繁華街はにぎわっているように感じます。売上を見ていても、近年は一二月二七、二八日でもそれほど売上は下がらず、通年の平均とさほど変わりません。

それならば、一日でも多く営業した方が売上が増えるから良いのではないか、という意見もあるかもしれません。

とはいえ古い考えかもしれませんが、やはり年末年始は従業員にゆっくり過ごしてほしい。なので、休暇の日数が変わらないよう、それまでは一二月三一日から休み、一月四日始業だったのをずらして、一月一日から休み、五日に始業ということにしました。

もちろん営業日を増やせば増やしただけ、売上が増えることはわかっています。ただ、無理を重ねて限界まで儲けたところで、それで疲弊してしまったら商売は続きません。

従業員を追い込んで一〇〇万円の売上を達成するより、みんなで楽しくやりながら八〇万円の売上を確保できる方が絶対に良い。**ほどほどに儲けて、精神的な余裕のある状態が一番。**差額の二〇万円は、損ではなくて、余裕代として払ったと考えれば良いのです。

なぜアルバイトにボーナスを出すのか

給料が安ければ仕事にほころびが出る

一〇代のころ、油屋で働いていたときのことです。

油を扱うのでどうしても手が荒れてしまうため、良い石鹸《せっけん》を使って手荒れを治していました。しかし油屋の給料は安く、石鹸を買うと手元にはほとんどお金が残りませんでした。

当時、どんな仕事をしていたかといえば、ドラム缶に入ったガソリンや軽油を配達したり、オートバイに重油や軽油を積んでは浜に向かい、漁師に売ったりしていました。そして売り終わった後は、同世代の同僚たちと小さな万屋《よろずや》に寄り、お菓子や牛乳を買って食べたり飲んだりするのが、ささやかな楽しみでした。

しかし万屋に通っているうちに、買い食いをするお金はどこから出ているのだろう、とふしぎに思うようになりました。誰かが薄給の中から都合してくれているのだろうか……。

そんなことを漠然と考えていたある日、真実を知りました。どうも先輩のWさんが、その日の売上金の一部を飲み食いに使っていたらしいのです。Wさんは一番年上で、しかも非常にしっかりした人間だったので、かなり驚きました。

勝手に会社のお金をくすねるのは良くないと思った私は、

「こんなことをしたら、叱られますよ……」

と恐る恐る忠告しました。すると、Wさんはこう毅然《きぜん》と言い返してきたのです。

「これぐらい、良いんだよ！　だって給料が安いんだから」

その後、売上金を勝手に使い込んだことが油屋の旦那さんに知られ、Wさんがこっぴどく叱られている姿を目撃したこともあります。それでもWさんはひるむことなく、「仕方ないじゃないですか。私たちはお金がないんです。文句があるんだったら、給料をもっと高くしてくださいよ」と反論していました。

どんなにしっかりした人でも、給料が安ければ不満を募らせ、仕事にほころびが出てくる。こんな経験があって、給料が安いことによる弊害は身に沁《し》みてわかっています。

利益は独り占めしない

「利益はみんなに還元すること」。これは、母から教わったことの一つです。

母は芸者をはじめ、さまざまな仕事をして、身体の弱かった私を養ってくれました。人より何倍も苦労している分、時折教えてくれる言葉には含蓄があったものです。

あれは高校三年生のとき。母から「この先、何になるつもりだ」とたずねられました。

「まだ、わからない」と答えると、こんなことを言われたのです。

「何になっても良い。ただ、もし商売をやるんだったら、利を得る秘訣《ひけつ》を覚えておきなさい。まず、**絶対に利を独り占めしないこと**。そして**必ずみんなに分配すること**。そうしないと結局、自分には返ってこないからね」

この母の言葉が今でも、私の思想の奥底に根をおろしています。

母の言葉を私なりに解釈すると、このようなことになるでしょうか。

人間は誰でも美味しいものが食べたいし、お金が欲しいし、良い思いをしたい。それぞれが欲望を持ち、少しでも多くの利を得たいと考えています。それを誰かが独占したら、バランスが崩れて、泣きを見る人が必ず現れます。そうして泣きを見てしまった人は、決して力を十分に発揮してくれないでしょう。

報酬が少ないと、人間はどうしても力を出し惜しみしてしまうものです。もちろん自分では頑張っているつもりでも、本当は一〇〇あるエネルギーのうち、実は八〇くらいしか出していない。八〇ならまだ良い方で、半分、それ以下という人もいるかもしれません。「どうせ給料が安いんだ。そこまで仕事しなくても良いじゃないか」という考えが一度でも芽生えたら、もういけない。ヘトヘトになるまで全力で働いてくれることは稀《まれ》です。

もし経営者が事業で儲けた利益を独占して、従業員の給料を不当に減らしたりすると、現場の士気は下がります。サービスの質が低下します。お客様の足が遠のきます。業績が悪くなります。すべてが悪い方向へ向かっていくのです。「安い給料で人をこき使う」という戦略は、最終的には必ず破綻をきたすのです。

そうならないためには、利を多く得た者がみんなに分配する必要があります。大きく言ってしまえば、人間は平等。一人だけ突出しようとしてはいけないということです。

労働に対して然《しか》るべきお金を出す。そしてその分、全力で働いてもらう。そうやってお互いに幸せになるというのが、結局は一番良い道ではないでしょうか。

給料は与えすぎるくらいがちょうど良い

「利益は独占せず、分配した方が良い」。しかし、それではどれぐらいの割合で与えれば良いのか――。これはなかなか悩ましい問題です。

仕事ができる人にはたくさん給料を払い、あまり仕事ができない人は給料を抑える。これが一般的な考えでしょうか。

しかし、仕事に来ている以上、どの従業員にも少なくとも働く意欲はあり、生活のために稼ぎたいと考えているわけです。そこで、できる人・できない人を簡単に振り分けてしまうのには抵抗があります。

だから富士そばでは、みんな頑張ればやれるという前提で給料を払うことにしています。つまり、あまり仕事ができない人にも実力以上の給料を払う場合があるということです。

「そんなことをしたら会社にとってマイナスだ」という考え方もあるでしょう。私も経営者ですから、何がなんでも多く払った方が良い、とはさすがに思っていません。しかし、少なく与えて反感を買ってしまうよりは、与えすぎる方が良い。

あなたの知人を思い浮かべ、その人が不相応な報酬を得た状況を想像してみてください。「これだけの仕事でこんなにもらえるなんて、楽勝だな」と慢心して手を抜くか、逆に「こんなにもらえるなんて、ありがたい」と感じて頑張るか、はたしてどちらでしょうか。私の頭に浮かぶ知人は、ほとんどが後者です。

かつて不動産業を営んでいたころ、営業の社員を募集しました。平均月給が二万〜三万円くらいの時代に、その二倍ほどの五万円で呼びかけました。

すると高給に惹《ひ》かれて、応募がどんどん来ます。私は入社志望者に、とんかつやうなぎをご馳走《ちそう》しました。これだけのものを食べさせたら、必ず奮起して働いてくれるだろうと予想していたのです。しかし食べるだけ食べ、そのまま帰って連絡が途絶えてしまう人も中にはいました。

そのことについて、後悔はありませんでした。最初から「この人は仕事ができそうだから ご飯を奢《おご》ろう」「この人はできなそうだし、帰ってもらおう」と見極めて選別をしていれば、食事代は節約できたでしょう。しかし、見るからに仕事ができなそうでも、入社してから活躍した者も少なからずいました。あのご馳走が心に火をつけ、発奮した可能性は低くないと私は思っています。いわば、あの食事は必要な投資だったのです。

仕事がやれるかどうかは、未来の話。まずは「やれる」という前提で接するべきです。そうすれば、恩義を感じた社員たちは、いつかより多くのものを返してくれるのですから。

アルバイトにもボーナスを出す理由

会社員にとって、ボーナスは心底嬉しいものです。

一九八〇年代後半、バブルが始まったころ、富士そばの従業員がなかなか集まらず、少なくなってしまった時期がありました。会社に少し活気がなくなった気がしたので、どうすればみんなのやる気が出るかを考えました。その結論が、「ボーナスを出す回数を増やす」。

夏と冬が、通常の本ボーナス。さらに春には「さくらボーナス」、秋は「紅葉《もみじ》ボーナス」と名前を付けて、年に合計で四回支給しました。ボーナスをもらうと従業員は懐が暖かくなり、会社全体に自然と活気が出てきます。残念ながら、現在は予算の都合で二回に戻っていますが、いつかまた復活させたいと思っています。

また富士そばでは、ボーナスは定年まで満額が出ます。退職後も再雇用として継続して働くと、現役時代と比べてボーナスの額は下がりますが、給料は現役時代と同じまま、据え置きです。

アルバイトにも働いた年数に応じて、ボーナス、そして退職金を出しています。勤務月数が足りない人には満額は出せないけれど、勤続期間が短くても計算して払っています。それほど多い額ではありませんが、この話をすると「アルバイトにまでボーナスを出すんですか？」と驚かれます。しかし、私としては、ただ当たり前のことをしているだけ。

アルバイトも、会社を構成する立派な一員です。正社員だけでは会社は回せません。アルバイトの方々が力を貸してくれているからこそ、何とか富士そばは経営できているのです。正社員でないとしても、彼ら、彼女らも大変な思いをしながら働き、暮らしているのだから、払うものはちゃんと払って報いなければいけません。

正社員とアルバイトの間に金銭の面であまりにも極端な差があると、「同じ仕事をしているのに、なんで……」とアルバイトがひねくれてしまう。だからアルバイトにも可能なかぎりたくさんの報酬を払うようにしています。先ほど書いたように、「人間は平等」ですし、「利は分配するもの」ですから。

差別は人を腐らせる

アルバイトにも有給休暇があります。もう四〇年ほど前から続いている慣習でしょうか。六カ月以上勤務したら、一〇日を支給。特別なこだわりというわけではなく、ただ労働基準法に従っているだけです。

法律に従っているのは、社会保険も同じ。週に四〇時間勤務してもらうことになっているアルバイトには、社会保険に加入してもらっています。

従業員がたくさん社会保険に入ると、その分お金もかかるから損ではないか、という声を耳にすることもあります。しかし、私は会社を経営し始めたころから、社会保険は入って当たり前のものだと思っていました。加入したら損だとか、しないと得だとか、そんなことはそもそも気にしたことがありません。

従業員は、会社で最も重要な財産、いわば〝人財〟です。社会保険に入ると余計なお金がかかるだとか、賃金を削れば利益がもっと出るだとか、そのように安直な仕方で、特定の人のことを資材のようにコスト扱いするということは、考えられません。

かつて、こんなことがありました。富士そばでは一年に二回、事務担当のスタッフを一カ所に集めて、役員と歓談しながら、労をねぎらう食事会（新年会・納涼会）を行います。大体、五〇人ぐらいが集まるのですが、それだけの人数が入る規模の会場がなかなか見つからなかったことがありました。そこで担当者から、「役員と事務員は別の部屋にして、二つに分けたらどうですか」という意見が出たのです。

私は即座に「それは絶対にダメだ！」と注意しました。

そもそも、その会は役員と事務員が交流するのが目的で、部屋を分けてしまったら何のための集まりかわかりません。そして別の部屋の様子がわからないというのは嫌なものです。事務員からしたら「役員だけが良いコースの料理を食べているんじゃないか？」と疑心暗鬼になってしまうかもしれません。区別は不平等や差を生み、差別は人の心を腐らせ、時に諍《いさか》いへと発展します。

繰り返しますが、私は人間みんな平等だと考えています。金持ちも貧乏人も、老人も子どもも、男も女も、どっちが上でどっちが下ということはない。

経営者と従業員も同じです。立場や地位は違えど、人間としては平等に決まっています。そう考えているのだから、実際にそれを待遇に反映させるのは当然のことなのです。

従業員こそが内部留保

小売店を数店舗展開する、経営者の友人がいました。その友人に、一緒にゴルフに行ったときに、困っていることがあると相談されたことがあります。

「店がなかなか思うように儲からなくてね……。だから従業員をもっと安く使いたいんだけど、何か良い方法はないかな?」

これに対して、私はきっぱりと言いました。

「あなたのところの従業員はわずかな賃金で、一生懸命働いてくれているわけでしょう? その彼らが稼いだお金で、あなたはゴルフができているんだよ。大した給料もやっていないのに、どうして従業員をおろそかにするんだ。自分が幸せになれるのは、みんなのおかげじゃないか。従業員をもっと大事にして、もっと働きやすい環境にしてあげれば、お互いに楽な気持ちになれる。それを忘れちゃダメだよ」

その後、彼はお店を売ることになったのですが、「丹さんにはいろいろと教えてもらったけれど、中でもあの言葉が一番心に沁みているんだ」と言ってくれました。

会社にとっては、**従業員こそが内部留保**です。お金が手元にいくらあっても、良い従業員がいなければ何もできません。逆に、お金が乏しくても、良い従業員に恵まれている会社は将来の展望は明るいと言えるのではないでしょうか。

従業員を無下に扱っていたら、彼らはどんどん辞めて育たず、サービスも向上せず、業績も下がります。もし能力ある若者たちが日本企業に希望を見出《みいだ》せないで、みんな海外に出ていってしまったら、日本全体が傾く可能性だってあります。

かつて、この「利は分配する」という原則についてインタビューで語ったところ、「富士そばはホワイト企業だ」という評判が広まったと聞きます。しかし、私としては、何も特別なことをしているつもりはありません。ただ、当たり前の経営判断をしているだけ。むしろホワイト企業という言葉が一人歩きしてしまうのは、心外なくらいです。

人が第一で、一番大事。きわめて単純明快で、何も難しくない原理原則です。

富士そばが二四時間営業にこだわる理由

二四時間営業が始まるまで

どうも富士そばといえば、二四時間営業というイメージが強く行き渡っているようです。富士そばの経営者です、と自己紹介すると、「ああ、二四時間やっているお店でしょう?」と返ってくることがしばしばあります。二四時間営業を誰よりも早く始めた先駆けという自負はありますから、これはなかなか嬉しい反応です。

ということで、本章の最後に、富士そばの代名詞とも言える二四時間営業がなぜ生まれたのか、その経緯をお話しすることにしましょう。

私のように単身、地元を離れて上京してきた人間は、誰しもが初めて見る東京のにぎやかさに驚かされます。そして、こんなに人が大勢いるのに、どうして自分だけ一人ぼっちなんだろうと、えもいわれぬ寂しさに襲われるものです。

あれは一九五四（昭和二九）年、私がまだ一八歳だった冬のこと。私は夜になっても行くあてがなく、上野駅の近くをぶらぶらしていました。やがて、ここなら長居しても大丈夫だろうと、小銭を握って、そば屋に入りました。

中にはいっぱいの客がいました。奥には当時珍しかった白黒テレビが置かれてあり、みんなでそれを熱心に見入っていたのです。番組は大人気だったプロレスの実況中継で、ちょうど力道山とシャープ兄弟が闘っていました。

店には熱気が充満していて、私も高揚しました。しかし中継が終わるやいなや、プロレス観戦が目的だった他の客はどんどん帰っていき、気がつけば残っているのは私一人だけに。寂しさを感じないように、私はプロレス中継が終わった後のテレビ番組を見ていました。しかし当たり前ですが、店には閉店時間というものがあります。

「お兄ちゃん、もうお終《しま》いだから」

そう言われて、私はしぶしぶ席を立ちました。ああ、またにぎやかな街に出て、一人ぼっちか……。あのときの寂寥《せきりよう》感《かん》は忘れられません。「もし閉店のないそば屋があったら、どんなに良いだろう——」。私はそう思ったのです。

それから二〇年ほど経った一九七二（昭和四七）年ごろ、私は満を持して富士そばの深夜営業を提案しました。東京には私のように感じている人がたくさんいるに違いない。そういう人たちは、日中は周りに人がいるから寂しさを忘れられるけれども、夜になれば一人になります。その時間に店を開けていれば、寂しい人たちが光に誘われて必ず来ると考えたのです。

とはいえ、今のように深夜に営業しているお店なんて、一軒もありませんでした。数年後に日本に進出してきたセブン-イレブンでさえ、当初は店名の由来通り、営業時間が朝七時から夜一一時までだった時代です。

「そんな深夜に店を開けても、誰も入るわけがない」

「いや、暴力団員が来て、因縁をつけられるぞ」

「大体、働き手が誰もいないよ」

「夜中営業するということは、電気代・ガス代が二倍になる。絶対に赤字だよ」

いろいろな声が届いて、正直、怖くなりました。しかし何事もやってみなければわからないもの。私は勇気を出して、渋谷の一号店、そして間を置かずに伊勢丹の裏にある新宿店で、二四時間営業を始めました。

いざ、蓋《ふた》を開けてみると……

店を開けること数日のある晩、いかにも暴力団員という風体の男性が暖簾《のれん》をくぐって入ってきました。ああ、忠告は本当だったんだな……と、私は暗い気持ちになりました。しかし彼は因縁をつけるわけでもなく、そばを食べただけでおとなしく帰っていきました。夜中に開店しているそば屋に純粋な好奇心を抱いて来店したようでした。また、水商売の女の子もちょくちょく来て、差し入れまでくれます。私の心に残っていた不安は、次第に「深夜営業はいけるぞ」という確信に変わっていきました。

深夜に温かいそばが食べられる店なんて、まだ当時は存在しておらず、珍しさもあってお客様がよく来てくれました。特に喜んでくれたのは、タクシーの運転手さんです。夜中に乗客を運んだ後、仲間と一服できる店ができたというのです。

一年も経つと、新宿店、渋谷店では深夜の売上が昼間に劣らないようになりました。池袋店もよく売れました。お店に寄った田舎の友達から、「丹さん、どんぶりが飛んでるわ！」と興奮した様子で言われたことをよく覚えています。どういうことかと聞いたら、「飛ぶように売れている」という意味でした。

懸念事項であった経費のことも、実際に深夜営業をやってみたところ、全く問題にならないことがわかりました。

お店の運営にかかる経費で、多くを占めるのが家賃と人件費です。深夜営業をすると、夜の分の人件費はかかりますが、家賃は以前と同じ。むしろ、しっかりと売ることさえできれば、利益はあがるのです。また、ガス代や電気代も以前と大して変わりませんでした。利益に貢献するという点では、図らずも食品のロスが減るという利点もありました。夜間が閉店の場合、店じまいをする時点で余っていたそばは、翌日まで残しておけないので廃棄しなければいけません。しかし深夜営業をすると、余っていた分のそばにまで注文が入ることになるので、結局仕入れた分がすべて売り切れてしまう。残った食品を捨てるという、飲食店最大の無駄からおさらばできるようになったのです。

思わぬ人がアルバイトに

「深夜に営業しても、働き手が誰もいないかもしれない」という心配も杞憂《きゆう》に終わりました。とある店をオープンしたところ、早々に働きたいという男性がやってきたのです。しかも、話を聞いてみると、なんと大手銀行の現役支店長だといいます。

彼は諸事情があって、お金を必要としているようでした。しかし、銀行員として働く昼間には、当然ながら仕事の掛け持ちはできません。夜の立ち食いそば屋であれば働けるし、客も少ないから顔もばれにくくて、一石二鳥だというのです。

こちらにとっては、支店長であろうが誰であろうが、働いてくれるのはありがたいこと。採用したところ、彼は昼間は銀行員、夜は富士そばの従業員というダブルワークをしばらく続けていました。世の中には、このように深夜に働きたい事情を持った人もいるのです。

そのうち「丹さんのお店は、昼も営業して、夜も営業して、家賃は同じ。そりゃ儲かるはずだよな」と言われるようになりました。二四時間営業を始める前には、誰一人としてそんな前向きな言葉をかけてくれなかったのですが……。

最初のころは「深夜営業をやらせてくれませんか」と大家さんに聞くと、「深夜に人が集まると、うるさいしねえ……」と反応は芳しくなく、断られることも多々ありました。しかし最近では、深夜営業をしているお店があると、人がいるし、明るくて安全だという風潮になりつつあります。火事が起きたり、変質者に襲われたりといった緊急時にも、すぐに対応できるのも魅力の一つです。

二四時間営業を始めて数年が経つと、同じような形態の店が徐々に増加し、今ではすっかり定着しました。思えば、時代を先取りしていたのかもしれません。

現在でも、富士そばでは二四時間営業を続けています。しかし、それによって過大な負担が生じているということはありません。

人件費を節約しようとして無理に人員を減らせば、注文が詰まる。お客様の不満が溜まる。従業員は疲れる。これは悪循環です。それに、一人で店を切り盛りしていると不測の事態に対処できません。そのため、富士そばでは特定の小規模店舗を除いて、お店を一人だけに任せることはありません。原則的に二人以上で回します。

そしてきっちり八時間交代制です。七時から一五時までの早番、一五時から二三時までの中番、二三時から七時までの遅番、と三交代制をきちんと決めています。残業は基本的にありません。誰かが急病になったようなときに、穴を埋めるために通しで働くことはたまにありますが、慢性的にだらだらと長時間働くことはありません。

シフトというものは、組むのが案外手間だと聞きます。大手の飲食チェーンでは高校生や大学生のアルバイトを大量に雇い、小刻みなシフトで回しているところも多いようです。

富士そばの場合、一店舗あたり大体五〜一〇人くらいのアルバイトが働いています。そして休みのシフトは、ある人は月・火休み、ある人は水・金休みなど、大体が曜日ごとの固定になっているケースが多い。そして誰か辞めたときは、次に入ってくるアルバイトに、なるべくその固定した曜日の休みを踏襲してもらいます。これだとシフトが組みやすく、店長の負担が格段に減ります。

少数精鋭。単純明快。これは店長を含め、みんなが一日きっかり八時間働いているからできることでもあります。

おまけはどんどんあげなさい

ついでにもう一つ、営業の方針に関わるお話をしておきましょう。

「富士そばで『天ぷらおまけしますよ』と言われた」

そんな噂《うわさ》が、インターネットを中心に一部で広がっているようです。

毎日毎日、全店舗でそんなサービスをしていたら利益が出ませんし、正直なところ、商売あがったりです。けれど、お金がなさそうで本当に困っているお客様が来店して、「この人はお腹《なか》が空《す》いているのかな……」と現場が判断したのなら、臨機応変に一個あげるのには目をつぶるようにしています。いや、むしろどんどんあげてほしいとさえ思います。

ひもじそうな人が来たら、そばのつゆをたくさんかけてあげれば良い。そういうことを軽はずみに言っていると、現場の店長からは「会長、そんなことを言っていたら赤字になりますよ……」と注意されてしまいますが、細かいことを気にしてはいけないのです。

天ぷらをおまけしたり、つゆをたくさんかけてあげれば、困っているお客様は富士そばのファンになって、また食べに来てくれます。いつかは帰ってきてくれるのです。まわりまわって利益として返ってくればもちろん嬉しいのですが、たとえ返ってこなくても構わない。

先日、店回りをしていたら、お店の隅で麺をすすっている方がいました。よく見たら、手にしているのはスーパーで一〇〇円で売られているようなインスタント麺の容器。本当は立ち食いそばを食べたいんだろうけれど、お金がないから安売りされている麺を自分で持って来て、お店の醬油《しょうゆ》をかけて食べている様子でした。

可哀想《かわいそう》だったので、どんぶり一杯のつゆを持っていって、「これで食べなさい」と差し出したところ、喜んで食べていました。うちの商品を買っていないんだから、「ちょっと、出ていってもらえませんか」と言う権利はあったかもしれません。でも、私は言えませんでした。というのも、かつて自分も同じような経験をしていたので……。

学生のころ、お好み焼き屋さんに行ったときのこと。肉が食べたくて仕方がなかったけれど、お金がない。それで安い細切れの肉を買っていき、こっそりお好み焼きに混ぜて食べていたのです。結局、お店の人に見つかって、「お兄さん、こういうことをしちゃいけないよ」とひどく怒られました。

また、第二章でもお話ししますが、まだ若くてお金がなかったころ、足をトコジラミにやられたことがあります。お金がないけれど、痒《かゆ》すぎて我慢ができないので、診てもらうしかない。不安な気持ちで病院に行ったのです。

やがて先生が出てきました。すると私の身なりを見て、すぐに貧乏であることを悟ったようです。こう聞いてきました。

「君、お金はあるのか？」

「ないんです」と正直に答えたら、なんとポケットからお金を出して、「これで払いなさい」と与えてくれたのです。

あのときの喜びと先生に対する恩義は、今でも忘れていません。私はお金がない人の気持ちはよくわかります。それにそうやって優しくされて救われた経験もあるから、現場判断で天ぷらをあげるのを咎《とが》めないのです。

ただし、わざと困っているふりをして天ぷらをねだるのは、ダメですよ。店長や従業員には、本当に困っているのかどうかを判断するよう、ちゃんと伝えてありますから。

第二章　富士そばが誕生するまで

生まれながらの江戸っ子で、日ごろからそばに親しみ、第一章で書いたような仕組みを自然と思いついて立ち食いそば屋を始めた――。残念ながら、私の人生はそんな真っ直《す》ぐなものではありません。それこそ、らせん階段のようにぐるぐると回って、紆余《うよ》曲折の末、たまたま立ち食いそば屋の経営に至ったというのが本当のところです。

本章では、少し寄り道をして「富士そば」が生まれるまでの経緯をお話ししておきましょう。この期間に私が経験したことが、富士そばの「ふしぎ」な仕組みが生まれた背景にもなっているのです。

辛《つら》かった少年時代

私の故郷は愛媛県東部の大保木《おおふき》村です。石鎚《いしづち》山の中腹にあり、私のいた集落の人口は当時約三〇〇人。一九五六（昭和三一）年に西条市に編入合併し、自治体としてはなくなりました。

生まれは名古屋でした。しかし私が生まれてすぐに父が亡くなり、母・ウメは愛媛の実家へ帰り、地元で私を近所の人に預けながら、芸者をして私を育ててくれました。そして、私が四歳のときに、再婚したのです。

そんな母を娶《めと》ったのは、大保木村に住んでいた丹高助《たかすけ》でした。山林を所有する山師で、数軒の借家を所有。村人たちに金を貸し、比較的裕福な生活をしていました。

義父・高助は初めのうちは私に対しても優しく、三人で仲良く暮らしていたのですが、そんな生活を一変させる出来事が起こりました。再婚してまもなく、弟が誕生したのです。義父は六〇歳。予想もしていなかった実の子どもが可愛《かわい》くて仕方がない。弟への溺愛を強めると同時に、血のつながっていない私への憎しみを強めていったようでした。

それからというもの、私は使用人のように扱われました。

水汲《く》みに、掃除その他家事の手伝い。三〇〇坪の畑を耕し、米のとぎ汁を入れたバケツや、トイレから汲み取った糞尿《ふんにょう》を入れた木桶《きおけ》を天秤棒《てんびんぼう》で担いで運びました。吹雪の河原で、指に血をにじませながら身体の何倍もあるガラス戸を洗わされたり、借金の取り立てに行かされたりしたこともあります。

今でもよく覚えているのは、ある夕食時の出来事です。食卓に私の大好物である、小海《え》老《び》と大根の煮付けが並んでいました。義父が「道夫、食べれ」と促してきます。

思いがけない優しさに喜んで箸をのばすと、突然、義父の黒い箸がぴしゃりと私の指を打ちつけました。一瞬、指が千切れたかと思ったほどでした。

当時は戦時下で物不足の時代。いざという瞬間になって、義父は実の子でない私にご馳走を食べさせるのが急に惜しくなり、それで思わず手を出してしまったのでしょう。しかし、まだ幼子だった私に、そんな義父の複雑な心など理解できるはずもありません。

辛くて辛くて、冷たい布団の中に潜り込み、会ったことのない実父を思いながら、泣きじゃくりました。母には「僕が頑張るから、お義父《とう》さんと別れてほしい」とすがったことも幾度となくあります。

しかし、八二歳に近づいた今から思うに、あの苦しくて辛い時代を乗り越えてきたからこそ、後で述べるような東京での過酷な生活も、別に辛いとも思わず、挑戦を続けることができたのでしょう。

これが逆に、甘い蜜のような我が家で過ごしていたら、一人ぼっちの都会暮らしにはとても耐えられなかったと思います。今となっては、むしろ感謝をしています。

高校を中退して就職するが……

九歳のとき、戦争が終わりました。焼け野原になった村に家が建ち始め、木材を扱う義父の商売は景気が良くなっていきます。そして私は、大保木村に誕生した中学校へ通うことができるようになったのです。

しかし、中学三年生のある日、先生から進路調査票を渡された私はそこに「就職」と書きました。実をいえば、高校にも進学したかったのですが、我が家は戦後の特需で潤っているとはいえ、義父は七〇歳を超えて老いているし、母は病弱で、弟も幼い。高校進学に必要なお金が準備できるとは到底思えませんでした。

私の進路希望を知った母はこう言いました。

「学費はお母さんが何とかします。だから道夫、お前は高校に行きなさい」

母は日ごろから「勉強しなければダメだ」と言っており、もともと義父に嫁いだのは、私にきちんとした教育を受けさせてやりたいという理由からだったようです。私は高校を受験し、西条南高校農業科（現西条農業高校）に入学しました。母が畑で取れた作物で醤油や味噌《みそ》をつくっては、義父に隠れて売って、学費を工面してくれました。

しかし高校は、山道を一〇キロも下ったところにありました。通学のために思い切って購入した安物の自転車は、一〇〇メートルも進めばチェーンが外れ、継ぎ接ぎだらけのタイヤはすぐにパンクします。下宿も試したものの、うまくいきません。結局、病弱だった私は体力の限界を悟り一学期で中退を決意しました。

母の落胆ぶりは目に余るものがありました。申し訳ない気持ちでいっぱいの私に、八百屋で働かないかという話を持ってきてくれたのは、母の弟です。

一五歳の秋。愛媛県の中でも都市部である西条市の八百屋で、私は働き始めました。店先の高級果物を磨き、お得意先へ注文取りをします。果物や野菜を自転車の後ろの籠に山積みにして運ぶ作業も大変でしたが、何より店番が嫌でした。来客の少ない店で一人で過ごす時間が、おそろしく長く感じられて寂しかったのです。

冬になるころ、銭湯で知り合った油屋の社員だという方が、「うちで働かない?」と声をかけてくれました。第一章でも触れましたが、油屋とは、ドラム缶に入れたガソリンや軽油などを小型自動車やオートバイで運び、会社や漁師に売る仕事です。仲間が欲しかった私は喜んで転職します。

しかし油を扱うためか手が荒れ、そのために高級石鹸を買うと給料の大半がなくなるほどの薄給でした。また私は唯一の住み込みのため、寂しさはあまり解消されませんでした。結局、一年三カ月で油屋を退職。失意のまま、村へと戻ります。

一度目の上京と不採用

「東京へ行かせてほしい」

ある日、私は思い切って切り出しました。

油屋を辞めて村に帰った私はぶらぶらして、無為な日々を送っていました。そんな状態に焦りを感じ、このままではまずいと思って、東京に出ていた恩師である中学の先生に就職の依頼をしたところ、ちょうど東京の着物問屋に就職口がある、という手紙が返ってきたのです。

当時、四国の人が夢を抱いて向かう先といえば大阪が定番で、大保木村から東京を目指すのは、さながら宇宙探検に向かうような無謀な行為でした。母には猛反対されましたが、何とか説得に成功。私は古い蒸気機関車に乗り、東へと向かいました。出がけに母に渡された握り飯は、涙の塩辛い味がしました。

右も左もわからないまま人形町の着物問屋にたどりついた私は、面接を受けました。ご主人に「身体は丈夫ですか?」と聞かれ、「あまり丈夫ではありません。お灸《きゅう》をしているので、この近くにお灸をしてもらえるところがあれば、教えてください」と正直に答えたところ、「そうですか……」とご主人は顔を曇らせました。こんな面倒な子はいらないと思われたのか、すぐに不採用が決定。わずか一〇分の面接で、私の夢は破れました。

ちなみにこの面接の帰り道、神田に寄って生まれて初めてそばを食べました。四国は香川に代表されるように、うどん文化なので、そばを食べる機会がなかったのです。あっという間にそばを食べ終えた私は、少し物足りなく感じました。当時、一七歳。将来、そばに関わる仕事に就くとは、これっぽっちも考えませんでした。

大保木村に帰ると、地元では水力発電所の工事が始まっていました。私はそこで作業員や道具を運ぶ三輪自動車の運転手として働き始めます。しかし頭の中では、上京の際、目に焼き付いた大都会のにぎやかな光景が消えずに揺らめいていました。

やがて水力発電所が完成すると、労働者で活気にあふれていた映画館や店も閑散として、村は抜け殻のように静まり返りました。職を失ったこともあり、「もう一度上京したい」という気持ちは、もう抑えられなくなりました。

意を決して母にその思いを告げると、「頑張っておいで」と一言。本当に何の当てもないまま、私は再び東京へ向かったのです。

二度目の上京では、なぜか福島へ

瀬戸内海を船で渡り、岡山県の宇野から夜行列車に乗り込みます。通路に新聞紙を敷いて座り込んでいると、前方の女性に「どこへ行くの？」と声をかけられました。「東京に行くんですが、当てがないんです……」と答えると、女性は「それは大変ね。何か困ったらここに連絡しなさい」とメモを手渡してくれました。そこには彼女が住んでいる大宮のアパートの電話番号が書かれていたのです。今から考えると、よくそんなものを教えてくれたものだとふしぎに思います。

やがて東京駅に着いて、駅員さんに出口を聞くと、「出口？　四つありますよ」との返事。改めてあたりを見回すと、まるで巨大な迷路のようです。私は駅の真ん中で三〇分ほど立ちすくんでしまいました。

とりあえず、ポケットからメモを取り出し、女性の住むアパートがある大宮駅に向かうことにしました。そうして、大宮行きと思われる電車に乗り込んだものの、いつまで経っても大宮駅に着きません。近くにいた乗客に聞けば、この電車は福島県の平（現いわき市）行きだというのです。私が乗ったのは常磐線《じょうばん》でした。

しかし私は、もうどこに行くのも同じだ、という開き直った気持ちになり、引き返さずに電車に乗り続けました。そして到着した常磐炭鉱の鹿島坑で、仕事を始めることになります。担当したのは、地下に入って立坑を掘る作業ではなく、砂利の運搬です。

炭鉱は荒くれ者が多く、いろいろな修羅場も目撃しましたが、楽しく過ごしました。鼻歌を歌いながら仕事していても文句を言われないし、なにせ今までの仕事のように孤独を感じなかったからです。

最初は砂利を運んでいましたが、やがて在庫を管理する倉庫番に抜擢《ばってき》されます。さらに会社にお願いし、湯本高校の夜間部に通うようになりました。母に連絡すると大喜び。かけがえのない学友もできました。会社で時間を見つけては予習復習に励んでいると、「二宮金次郎みたいだな」とからかわれ、こそばゆくもありました。

やがて二年が経ったころ、立坑は完成し、業務が終了。それを機に東京の錦城高校（現錦城学園高校）に転校することになり、同時に神田の印刷会社に就職も決まりました。憧れの東京で働きながら学校に通えるのです。苦労を重ねて、ようやくつかんだ幸福でした。

ところが衛生環境が整っていなかった当時のこと、職場の二階で夜な夜なトコジラミに足の血を吸われるようになります。痒くてぼりぼりと引っ掻《か》いたところから菌が入り、膿《うみ》が出て腫れ上がり、やがて歩けなくなってしまいました。それが原因で睡眠不足になり、ついには仕事中に倒れてしまったのです。それを知った母から「一度帰ってこい」という手紙が連日届きました。私は無念を感じながら、四国へ戻ることになります。

そして西条高校の定時制に転入。アルバイトをしながらようやく卒業したとき、二三歳になっていました。やはり東京で一旗あげたい、という思いが消えない私は、三度目の上京を決意します。

三度目、そして四度目の上京

「お前は身体が丈夫でないから、栄養士の免許をとりなさい」と母に勧められた私は、世田谷の栄養学校へ入学します。そこを二年かけて卒業した後、紹介で大手の国立病院に就職しました。それは周りから羨まれるほど、ラッキーな就職でした。

その国立病院には結核患者専用の病棟がありました。結核患者には、通常の患者とは別に専用の献立をつくるべきだと考えた私は、手始めに料理ごとの喫食率（食べた割合）を調べようとしました。ところが、みんな面倒くさがって協力してくれません。そんな様子を見ていた調理場のおじさんに「公務員は遅れず、休まず、仕事せずだよ」と囁《ささや》かれ、この職場は合わないと感じて、一年三カ月で退職します。

その後、ある料理学校で生徒勧誘の仕事を手伝っていると、思いがけずそれが高く評価されるようになりました。これは適職なのではないかと感じ出したころ、母から「義父の容態が悪いから帰ってこい」との手紙が届きます。今度こそ、ようやくうまくいきそうだというときに……。私の上京は三たび失敗に終わったのです。

帰郷後、西条市で料理教室を開き、しばらく経って義父は息を引き取りました。そのころには二十代後半にさしかかっていましたが、東京で成功したいという思いはどうしても消えません。私は四度目の上京を決意しました。自分も一緒についていくと言い張る老いた母に、「東京で足場をつくったら必ず呼び寄せるから」と約束を交わし、これが最後という覚悟で上京を果たしたのです。

そこで栄養学校の先生から就職先として紹介されたのが、食品販売会社でした。将来は食品販売をしたいと考えていたので、願ったり叶《かな》ったりです。紹介状を握り締め鶯谷《うぐいすだに》駅近くにある会社を訪ねると、お弁当の空き箱をトラックから大量に下ろしていました。食品販売会社というのは、要は弁当屋だったのです。私は調理の仕事で雇われたのでした。

そんな中、母から実家が売れたとの知らせを受けたので、そのお金に私の少ない給料を合わせて埼玉の蕨《わらび》に一軒家を買い、母を故郷から呼び寄せました。そしてその家から朝一番で出勤し、文字通り身を粉にして働きました。キャベツの千切りや魚焼きなどの調理をし、さらには弁当箱を洗い、配達までしたのです。

しかしやがて、私が独立しようとしているという根拠のない噂が立ち、社長さんから

「恩知らず」と罵声を浴びせられ、会社を追われることになります。

独立して弁当屋、さらに不動産業へ

その後、食品販売会社で働いていたときに知り合ったKさんという方から「親戚から一七万円の元手を借りられるから、弁当屋をやろうよ」と誘われ、一緒に会社を立ち上げることになります。自宅の隣に四・五坪の弁当屋を開業し、外回りと販売拡張を担当することになった私は、ひたすら歩き回りました。

埼玉県川口市の鋳物工場で働く人たちをターゲットにしたところ、これが大当たりしました。六カ月を過ぎるころには、扱う弁当は一日六〇〇食にもなりました。仕事場を広げ、近所の主婦をアルバイトに雇用。月商があがるのに伴い、景気が良い生活を送ったのです。

さらに、同じく食品販売会社時代に知り合ったO氏から、給食センターを譲りたいという話があり、二軒営業になりました。

仕事が充実していた二八歳のとき、O氏から今度は「不動産をやらないか」という連絡が入りました。街の不動産屋さんのような仲介業ではなく、別荘地を開発し、その土地を売るという仕事です。

声をかけられて、すぐには決断できませんでした。上京しては何度も失敗し、失意のうちに故郷へと帰ることを繰り返し、苦労してやっとつかんだ幸せです。それを辞めて、いっさい経験のない不動産業に賭けるというのは、かなり無謀な話です。

しかし時代は高度成長期で、明らかに不動産開発の機運が高まっていました。その流れに乗ろうと、私は誘いを承諾したのです。

振り返ると弁当屋も不動産業も、声をかけられたことが人生の転機になっています。私はどうやら声をかけられやすい体質のようで、それが運を招き入れたのかもしれません。

不動産業で大成功

仲間と起業してみたものの、不動産業は当初は全くうまくいきませんでした。セールスマンをたくさん雇い、西へ東へと営業すれども、一カ月経っても一つも売れない。セールスマンと金庫のお金だけが、毎日元気よく事務所を飛び出していきました。

私自身、営業担当常務として外回りに出かけ、飛び込み営業をしますが、どうも良い感触がありません。ある小さなお店に飛び込んだときには、しつこく粘りすぎたせいか、水をかけられたほどでした。

「これはいよいよ潰れるな」という予感が頭に浮かび出したころ、最初の上京の際に着物問屋を紹介してくれた、中学時代の恩師に夕食をご馳走してもらうことになりました。そこで、「元気でやっているのか？」と心配してくれる恩師に土地の話をしてみたところ、意外なことに興味を示してくれて、なんとトントン拍子で契約に至ったのです。

それまでは自営業者ばかりを狙って営業していたのですが、土地は一般のサラリーマンにも売れるんだ、とそのときに気づきました。

それから事業は一気に軌道に乗り、気がつけば三カ月で六一もの契約が取れました。儲かるわ、仕事が入るわで、支社を池袋と渋谷に置き、社員は一二〇〇名に増員。月の売上は三〇億円、利益だけで七億円も出ました。こんなに良い商売はないと思ったものです。

役員としての待遇も破格でした。秘書がつき、運転手つきの高級外車に乗り、月給は五〇〇万円。さらに交際費として月に一〇〇〇万円が使えたのです。夜な夜な銀座まで繰り出し、高級クラブへ遊びに行きました。

贅沢を謳歌する一方で、どん底に落ちたときの苦しさを知っている私は、こんな左団扇の商売は続くはずがないとわかっていました。不動産は不安定な要素もあり、時代が移ろえば、いつかは陰りが訪れるに違いない。そうした不安は私だけでなく、役員全員が感じていたはずです。

そんな背景もあって、不動産業の傍ら、飲食業を始めた方が良いんじゃないか、と私は他の役員たちに提案しました。飲食店は日々の売上こそ少なくても、確実に日銭が入ってきます。そのことを説明すると、役員全員が賛成し、出資してくれることになりました。

そこで思いついたのが、東京で全く見かけなかった立ち食いそば屋です。かつて、友人と一緒に東北を旅行していたとき、道中で電車の中から立ち食いそば屋が見えたことがありました。おばあさんが一人で切り盛りしていると思われる、小さなお店です。注文すると、すぐにそばが出てきて、客はパッと食べて足早に出ていく。この商売は忙しい東京にぴったりかもしれないな、という印象が頭の片隅に残っていました。

立ち食いそば屋のそばは、寿司職人のような修業や特別な技術を必要としません。高度な調理はいっさい不要で、誰でもできる。やりやすくて、しかも回転が速い商売だから当たるだろう、という目論見《もくろみ》だったのです。

店の管理を担当することになった私は、落語の演目「そば清《せい》」をそのまま店名にしました。渋谷に出店したところ、経営は順調そのもの。その後も、西荻窪、新宿、池袋と、次々に店舗を増やしていきました。

迷った末に、不動産屋から独立

本業の不動産業が嘘のように儲かる一方で、私の心は冷えていきました。

というのも、次第にやる仕事がなくなってしまったのです。会社の業績は右肩上がりで、従業員たちも力が身につき、私の入るスキが見つからないほど組織が充実していました。だから朝起きても、考えることが「今日は何を食べるか」くらいしかない。あとは自分の靴をピカピカになるまで磨くだけでした。

会社全般について不満はなくとも、情熱を持って打ち込める対象がないのは辛いものです。ましてや、私は当時三二歳。こんな人生、何も面白くないと思いました。

同じような心境だったのか、共同経営者のO氏が「辞めたい」と言い出しました。私ももはや会社に何の魅力も感じられず、全く楽しくもない。周囲からは「もったいない」と言われる中、二人で迷わず辞めることにしました。後から知ったことですが、どうやらO氏は他の役員との間に確執を抱えており、いじめに近い扱いを受けていたようです。

話しあいの末、O氏と私の独立が決定。そば清チェーンを五店舗、それと当時儲かっていた会員制クラブをもらうことになりました。

当時は大衆的な金額で飲める〝マンモスバー〟に若者が集まっていた時代です。そのマンモスバー「スカイコンパ」を、O氏は新宿・歌舞伎町のコマ劇場近くのビルの七階にオープンします。中心に円形カウンターを置き、フロアの広さは約七〇坪。私は呼び込みやチラシ配りをしました。

これが大当たりして、次はコマ劇場裏に一〇〇坪以上ある二号店を開店。当時ブームになっていた由紀さおりさんの名曲『夜明けのスキャット』にあやかり、店名は「スキャット」にしました。

O氏はもともとバーを経営していて、水商売の才覚がありました。さらに絨毯《じゅうたん》を敷いて靴を脱いであがるクラブ、北海道に踊れるレストラン、イタリア料理のレストラン、名古屋に高級更科《さらしな》そば屋、ハンバーグのお店と、次々に新店舗を展開していきます。最後はコマ劇場の八階に、四〇〇坪もある踊れるマンモスバーをつくって、大当たりしました。

水商売は儲かります。しかし、経費がかかるため、出ていくお金も大きい。一日の売上は一〇〇〇万円を超えても借金は多く、慢性的に資金繰りに困っていました。また、一店舗失敗しただけでも、相当高くつきます。八〇〇〇万円くらいの保証金が瞬く間に消えていき、二度と立ち上がれなくなった人もたくさん見ました。

O氏は間違いなく商才はありましたが、経営は明らかにやりすぎでした。会社に四〇万円しか残っていないのに、また新たに出店すると彼が主張したとき、「ああ、この人はいつか必ず失敗するな」と私は悟りました。不動産屋から独立して四年。私は、彼に別れたいと告げました。

立ち食いそば一本で生きていくと決意

一九七一（昭和四六）年、私はO氏と袂《たもと》を分かち、名古屋のハンバーグのお店と高級更科そば屋の二店、立ち食いそば屋四店、事業に関わる借金六〇〇〇万円を引き継ぎました。

妻と結婚したのもこのころです。当時、三五歳。やってやるぞと燃えていました。

しかし、かけそば一杯が四〇円の時代で、一店舗の売上は一日一〇万円、四店舗で四〇万円。名古屋の二店舗を足しても総売上は一〇〇万円に届きません。それに対して、借金は六〇〇〇万円です。

かつての不動産業の仲間が活躍していることも噂で耳に入ります。彼らに負けないように頑張らなくてはと、かなり焦っていました。

そこで新たに建売住宅の販売を始めたものの、業績は不調。ハンバーグのお店も売上が低迷していたので、サラダ専門店へと業態を変更します。さらに、名古屋のドライブインにうどん屋を、大磯にスペイン風レストランを開業。幸いにも大磯のお店は女性を中心にお客様が増え、売上は順調に伸び、何度も増築をしました。

ところがそんな大奮闘のさなか、建売住宅の資金がついにショートしてしまったのです。結果、神奈川県の相模大野にすでに三棟建っていた物件を、更地を買ったときと同じ値段で、泣く泣く手放しました。

それから、名古屋のサラダ専門店、高級更科そば屋、もう一店経営していたうどん屋、そして光明が見え始めていた大磯のお店も、どれも中途半端な状態で畳んで売却しました。焦っていろいろと手を出したのが身体に負担をかけたようで、妙にだるくて動けない日々が続きました。病院に行くとB型肝炎だとわかり、即座に入院の指示が出されました。安静を義務づけられた状態で、六人部屋のベッドの上で頭をフル回転させて、資金繰りの計算に明け暮れました。そんなときに会社には税務署の調査が入り、年老いた母も入院。見舞いに訪れる妻は、来るたびにお腹が大きくなっていきました。なんと妊娠していたのです。

その妻が日ごと見舞いに来ては、細道を一人寂しく帰っていく姿を窓から見送りました。これからどうしようかと真剣に考えました。これが人生で一番辛かった時期です。やがて退院が決まりました。車の後部座席に乗り、我が家へ向かう途中、夕日に染まる箱根の山並みが目に飛び込んできました。その瞬間、ハッとしたのです。沈む夕日は朝日ほど華やかではない。だけど、最後の命を燃やし尽くそうとして輝いているんだ——。

自分は高嶺《たかね》ばかりを見上げるあまり、足元を見失っていたのです。もう上を見上げるのはやめよう。足元を見直そう。足元とは、まだ残っている立ち食いそば屋に他なりません。ここでけじめをつけて、立ち食いそば専門として一からやり直そうと決意したのです。

これまで、油屋に勤めた。不動産業もやった。いろいろと仕事を変えてきたけれど、もうここで腰を据えよう、これは絶対に辞めてはいけないと心に決めました。そんな私の頭に、幼いころに繰り返し聞かされていた、母の言葉が蘇《よみがえ》ってきました。「成功するには、一つのことを集中して持続しなさい」――このときに、その言葉の本当の意味とありがたさが、初めて身に沁みてわかったのです。

心機一転。私は、手元に唯一残った立ち食いそば屋に「名代富士そば」という名前をつけました。一九七二（昭和四七）年、三六歳のときのことでした。

これが、現在の富士そばのはじまりです。

昔の写真で手元に残っている、数少ない一枚です。西条高校時代に、友人たちとキャンプに行ったときに撮影しました。私は左端の青年。このときには、立ち食いそば屋の経営者になるとは夢にも考えていませんでした。

開業初期の「富士そば」の写真です。この当時はお店に椅子がなく、立ったままそばを食べる、文字通りの「立ち食い」でした。

第三章　人を育てるにはどうすれば良いか

穀物のそばは、凶作に強く、涼しい気候や栄養のない土地でも育つ作物であるそうです。放っておけば育つ植物は、何もしなくて良いと思われることもありますが、実際は日光や雨水など、多くの自然の恵みを受けて成長しています。人間も同じ。従業員を育てる際、私は放任主義に近い立場を取りますが、まったく栄養を与えないわけではありません。やりがいや楽しみを提供して、初めて人は仕事で花開くのです。

そこで本章では、「人の育て方」というテーマで、そうした採用・教育に関する私の考えをまとめて紹介していきましょう。

富士そばではどんな人が働いているか

前職にはこだわらない

うなぎ屋。寿司屋。トラックの運転手。ストリップ劇場の総支配人……。

これらの職業の共通点が何だか、おわかりになるでしょうか。実は、いずれも富士そば従業員の前職なのです。富士そばでは、実にさまざまな経歴を持った人が働いています。元ホストだという男性も本社で働いています。非常に真面目《まじめ》、かつ誠実な人物で、見た目もそうだと打ち明けられないかぎり、想像もつきません。

旅行会社に勤務していた従業員もいます。富士そばに飛び込み営業で来たところ、ある常務に「君、見どころがあるね。うちに来ないか?」とスカウトされて、そのまま入社してしまったという非常に珍しいパターンです。

富士そばには、誰が入ってもらっても良い。若くても良いし、年配でも構わない。飲食業に詳しい人でも、未経験者でもどちらでも構いません。働く上では、過去のことなんて関係がないと私は思っています。大事なのは、今、本人にやる気があるかどうかというただ一点だけなのです。

採用にあたって、大企業だと役員面接や社長面接があるようですが、私が新人の面接や採用に関わることはいっさいなく、すべて現場の係長に一任しています。現場がそのときに必要としている人財については、事情を知らない私にはわからないからです。

正直なところ、私からすると「こんな人を雇って、本当に大丈夫だろうか?」と思うような人間も、たまにいるわけです。しかし、実際にその人と働くのは係長。その係長が「この人だったら、仕事を任せられる」と判断したならば、採用すれば良いのです。現場がやりやすいようにしてもらうことが、最優先事項なのですから。

見かけにもこだわりません。たとえば金髪や長髪の人でも、店で不潔な雰囲気を出されたら困りますが、髪を結んで清潔にしてくれるなら問題はない。だって、髪を何色にするかはその人の主義だし、自由。それに対して文句を言うのは、越権行為というものです。見た目が端整でもやる気のない人と、会社員という風体ではないかもしれないけれど、しっかり働く人。富士そばで働いてもらいたいのは、言うまでもなく後者です。

採用はどのように行うか

富士そばでは、新卒採用を行っていません。

なぜかといえば、富士そばは場所第一主義だからです。開店に適した物件が見つかり次第、交渉し出店するという感じで、ケースごとに動いていく。一年を通して「この月には何軒出そう」などという具体的な出店計画やノルマがないのです。

これを計画性がないと取られてしまうと、少し不本意です。常務たちはつねに、出店に適した場所を探すべく目を光らせていますが、条件に合う物件を探し当てて契約に至れるかどうかは全くの時の運。絶好の場所に店を出すというのは、本当に難しいことなのです。決まった時期に一定のまとまった人員を必要とすることがないため、欠員が出たらその店舗で適宜補充をします。新たに出店して人が必要になったら、その都度必要なだけ採用していくというのが、富士そばの基本的なスタンスです。

なので、新卒を一度に大量採用して、研修により会社の理念を教え込んで、見習いとして店に立ってもらう……などということはしません。最初からいきなり店の現場という最前線で、一従業員として働いてもらうのがすべてのスタートになります。現在、本社に勤務している社員は、係長も常務も、ほぼ全員が現場経験者です。例外なく現場を経験することで、オペレーションの具体的な内容や動き方がわかり、店舗経営の難しさも現場の従業員の大変さも理解することができるわけです。

新卒採用がないということは、社員はみんな中途採用だということでもあります。誰もが何らかの社会人経験を経た後、富士そばに就職しているわけです。東京の有名私立大学に通いながら店でアルバイトをして、卒業後にそのまま就職したという社員が一人いますが、富士そば以外の仕事に触れていない例は彼だけではないかと思います。

よその会社に勤めた経験があるのは良いことです。同じ会社にずっといるよりも視野が広がるし、他業種では当たり前だった仕組みや考え方を富士そばに導入して、新しいものを生み出してくれるかもしれません。また、よそで働いていた経験があるからこそ、余計に富士そばの良さが身に沁みてわかる、ということもあるでしょう。

五回辞めた社員でも採用する

かつて、五回辞めて五回戻ってきた社員がいたといいます。いったいどういうことかというと……。

その男性はもともと電機屋を経営していて独立心が強く、富士そばで働いているうちに、やはり自分主導で働きたいという気持ちが湧き上がってきたのです。そして退社して独立したものの、うまくいかず、また富士そばに入れてくれないかと頭を下げてくる——この繰り返しだったと聞きます。

伝聞であるのは、前述したように、私は採用に直接関わっていないからです。当時受け入れたのは、とある常務でした。彼は人情に厚く、心が広い人物だったので、何度も面倒を見たというのも納得できる話です。

私でも、同じ境遇の人が来たら「困っているなら、どうぞ、うちで働きなさい」と同じことを言ったと思います。人間は弱い生き物ですから、辞めたくなることも逃げたくなることもあるでしょう。ましてや、その男性はうちで働いた経験のある人間であり、働きぶりもわかっているわけです。採用をためらう理由はどこにも見当たりません。そこは手を差し伸べるべきです。

たとえ辞められても損ではない

富士そばには将来の夢を持って働いている社員やアルバイトがたくさんいます。働くうちに、こんなことをやりたいと夢を持つようになる従業員もいます。彼らが夢を追って辞めたり、独立したりしてしまうことは決して珍しくありません。

第六章で述べるように、私も実は作詞家になりたかった人間なので、彼らの気持ちがよくわかります。正直に言って、従業員の全員が富士そばに骨をうずめたくて働いているわけではないでしょう。

ずっと勤続してきた従業員が抜けることで、それまでかけてきたコストや、教育してきた時間が無駄になる、といえばその通りです。ですが、私はそのことについては気にしません。なぜなら、人間は誰しも野心を持っているものだからです。組織の中にいるより、独立して一旗あげたいと考えるのは当然で、止められるものではありません。

それに、そういう他に夢を持った人たちが、おしなべて仕事を適当にやるかといえば、決してそんなことはありません。自分の理想を追うために生活の基盤を安定させるという確固とした目的がある人間は、真面目に仕事に取り組むものです。

だから、私は常日頃からみんなに「いつかは独立するぐらいの気持ちで仕事をしなさい。それくらいの勇気や気概がなければダメだ」と言っています。「僕も自分の店を出したいです」と言われれば、「それは良い志だ」と答えます。そういう目標があれば、気力が充実して、仕事を頑張れるものなのです。

彼らが会社を出ていくときには引き止めず、「おめでとう。頑張れよ。うちに負けないような良い会社をつくりなさいよ」と言って送り出します。経験と能力のある従業員が辞めてしまうのは、会社にとってはマイナスですが、仕方がないこと。それより、そんな優秀な人物を富士そばから送り出せたことが誇りです。それに、彼らが夢を追って全力で働いてくれたことによる利益の方が、総合すれば富士そばにとってずっと大きいのです。

引き抜きよりも生え抜き

富士そばで働くにあたって、さまざまな仕事の経験があるのは大変良いことです。しかし、「引き抜き」はどうもよろしくないというのが、これまでの経験に基づく私の持論です。かつて不動産業をしていた時代には、よその会社から幹部を引き抜いてきたことも何度かありました。しかし、「これは！」という人財とは、一度もめぐりあいませんでした。多かったのが、「俺は引き抜かれたんだ」と思って、天狗《てんぐ》になってしまう人。そして新天地に来たにもかかわらず、過去の栄光にすがろうとする人。「前はこれで成功したんだから」とプライドを曲げず、他の幹部と衝突ばかりしてしまう。成功体験がかえって足を引っ張るのです。

私は、特に会社の幹部は「引き抜き」よりも「生え抜き」が良いと思っています。生え抜きを自分なりに定義すると、中途採用でも良いから、それなりに長く勤務経験があって会社に愛着を持っている社員ということです。特に、すでに説明したように、富士そばの生え抜き社員は一度は店舗に立って働いていますから、現場の気持ちや苦労が理解できるという強みもあります。

富士そばの従業員の層は厚いと自負しています。定着率が高く、勤続年数一〇年を超える従業員もたくさんいます。欠員が出ないので、ずっと働いてもらっている店長も多く、入れ替わりは少ないのです。

今、一部の飲食店は従業員が集まらなくて苦労していると聞きます。従業員が「辞めたい」と申し出ると、「人がいなくなって困る。代わりを見つけてこないと辞めさせないぞ」と脅す企業さえも存在する、という話を耳にしました。本当かどうかはわかりませんが、万が一本当であれば、恐ろしい話です。

富士そばは、お店で募集を出せば働きたいという人が自然と集まるので、人財には困っていません。労働環境が良いから集まるというより、よそが労働環境を悪くしてくれるから、うちに来るのかもしれません。

居心地が良ければ社員は定着する

追い詰めても人は動かない

人に叱られたり、悪態をつかれたりしながら働くのは誰でも嫌なものです。そういうことをできるだけ避けて、ニコニコ笑いながら仕事ができれば、それが一番良い。

そんな考えのもと、私はできるだけ従業員のやる気を殺ぐような言葉を発しないように心がけています。しかし、不動産業を営んでいた若いころには、実は部下をガンガン叱っていましたし、きつく発破をかけることもあったのです。そんなやり方を方針転換したのは、ある出来事がきっかけでした。

当時、営業の社員は一台のタクシーに四人ずつ乗り込み、何十台もの車が群れをなして会社から走り出ていきました。そんな光景を見て「よしよし、今日も熱心に働いているな」と感心していた私のもとに、ある日こんな噂が届きます。タクシーが向かっていったのは売り込み先かと思いきや、実は違うらしいのです。

どうやら、一部の社員は元気よく会社を出ていったように見せかけておいて、行きつけの喫茶店に集まり、仕事もせずにたむろしているということでした。一応、二時間おきに本社に電話を入れることにはなっていたのですが、姿が見えないので、嘘の場所を言われても確かめようがありません。単にサボっているというよりも、みんな厳しいノルマに追われて辛く、集まって愚痴の一つでもこぼさないとやっていられないというのが真実であるようでした。

不動産開発は時代の波に乗って、業績は右肩上がり。社員にもかなりの高給が支払われていました。それでも、少なくない数の社員が辞めていったのです。その理由の一端を見せつけられたようで、私は衝撃を受けました。

お金はもちろん必要だけれど、居心地が良くないかぎり、社員は居ついてくれない。まして や、ただプレッシャーをかけるだけでは、人は動かない。人間というのは、押せば動く道具ではない。そんな当たり前のことにやっと気づいた私は、猛烈に反省しました。

それ以来、私は、人が自ら本気で動いてくれるような体制をつくろう、と真剣に考えるようになりました。今にして思えば、それこそが経営者の本来の仕事であり、責務だったわけです。

成果主義は絶対に取らない

あるとき、よその飲食業から富士そばに入ってきた従業員に、「社長、富士そばはもっと強い会社になれます」と意見されたことがあります。

どういうことか聞くと、前の会社では、各従業員が手がけた盛りつけや味つけに、全部ランクをつけて評価していたそうです。その結果をもとに、あなたはAランク従業員、Bランク従業員、Cランク従業員と、総合的な評価をする。それによって競争心が生まれて、会社が発展する。富士そばでも同様のシステムを取り入れたらどうか、という提案でした。

それを聞いた私は、即座に「それは絶対に良くない。やめよう」と応じました。

確かに、ある程度の競争は大切です。負けたくないという気持ちに火がつくことで、眠っていた実力が最大限に発揮されることもあるでしょう。しかし、この提案のように、人そのものをランクづけしてしまえば、Cランク従業員は評価の低さに落ち込み、Aランク従業員は転落したらどうしようと不安に怯《おび》える。強いストレスにさらされ、会社の居心地は悪くなるに決まっています。下手をすれば、従業員の間に嫉妬が生まれ、足の引っ張りあいが始まる可能性だってあります。

富士そばの従業員はみんな生活するために働きに来ています。中には能力が高い人もいるし、低い人もいる。誰にだって得手不得手があるから、みんなでかばいあわないといけません。競争も必要ですが、まずはチームワークで働くことありきなのです。

調理がうまい人、数字が得意な人、いろいろな人がいます。声が小さい人がいても、「お前は挨拶が聞こえない。Cランクだ」と責めることはない。だったら声を出さない仕事を与えれば良い。みんなで何ができるか考えあって、チームワークで働けば良いのです。競争原理よりも適材適所。上に立つ者には部下の長所を見つけてあげる責任があります。

店の売上が落ちたときも、厳しく接しないように心がけています。「努力が足りないんだ。もっと働け」と声を荒らげたところで、売上が戻るわけではありません。

売上が落ちたら、まず現場の従業員全員で話しあって、原因を考えてもらいます。

そうすると、理由がいくつか見つかるものです。たとえば、近所に同業店ができたとか、その月にかぎって雨の日が多かったとか……。

そこで「早く何とかしろよ！」と責め立てても、過去の結果は変えられません。ただ、分析は大事なので、その原因を克服する対策を立て、改善しておきなさいと伝えます。

売上目標を達成しなくても良い、とまでは言いません。しかし出てしまった結果については、むやみに厳しく追及しても仕方ない。追い詰めなかったことで従業員の心に余裕が生まれれば、会社に長く留《とど》まってくれるでしょうし、技術も磨かれ、会社の見えない財産も少しずつ増えていくことになります。

かつて私にランクづけを提案した従業員も、結局は前にいた会社のやり方を踏襲することにこだわりませんでした。それから長らく経った現在でも、富士そばで働いています。

案外、富士そばが一番居心地が良かったのかもしれません。

最低限のノルマは設ける

では、富士そばに勤めていれば、何も成果を求められないかといえば、決してそうではありません。たとえば富士そばの常務には、最低でも二年に一件は出店先にふさわしい物件を獲得しなければいけない、という決まりがあります。

このノルマは、みんなで合議の末に決めたものです。常務の大きな仕事の一つは、良い物件があるという情報が入ったら現地へ見に行き、確認をして、良さそうであれば私に提出することです。「もしそれで契約が二年間でゼロだったら、全然仕事をしていないか、才能がないかだ」とあるときに私が口にしたところ、常務たちから「確かにその通りです。じゃあ、二年で一件をノルマにしましょう」と提案されたのです。

実際、これまでにノルマが守れずに辞めた人はいません。また、優秀な常務たちがそこまで結果を出せないということは正直考えにくい。それでもそういうルールを一応設けているのは、人間はある程度の締め切りやノルマがないと、怠けてしまうものだからです。

お仕着せのルールには反発心が芽生えるものですが、自分たちで自主的に決めたルールには責任が生じます。加えて、他の常務たちの眼差《まなざ》しもあり、自分だけが怠けてはいられないというプレッシャーも自然と働いているのでしょう。

しかし、「一カ月に一〇件は新規契約」というような突拍子もないノルマを強いるのは良くありません。そんなことをすると、質を選び抜く余裕がなくなり、数を稼ぐためだけにいい加減な物件を持って来るようになります。そうなれば私だって人間ですから、「給料をなんぼも払って、泳がしているばっかりではしょうがない」と思うようになり、どこかで妥協が入って、良くない物件を採用することになるかもしれません。結果、さほど質が良くない物件での出店が増え、売上もあがらない。何一つ良いことはありません。

ノルマで過度に追い詰めるようなやり方は、悪循環の元なのです。

人間は数字ではない

お店回りが生命線

富士そばは店舗が前線であり、生命線です。だから私は昔から会社のオフィスにはあまり行かず、むしろ積極的に現場へと足を運んできました。

どのお店も駅から近いので、電車ですぐに行けます。まだ富士そばの規模が小さく、店舗の数が三〇、四〇だったころは、一つの店舗に年三回は顔を出していました。お店の数がだいぶ増えて国内だけでも一二〇店舗を超えた今では、三回はさすがに時間的に無理です。ここ数年、各店がしっかりしてきたので、そんなに頻繁に行かなくても安心できるようになってきましたが、それでも年二回は訪問するように心がけています。

いつ行くかについては事前に告知しません。行こうと思っていても急な予定が入って行けなくなったり、別のスケジュールがなくなって突然行けることになったりと、予定が立たないからです。だから結果、抜き打ちになります。

混雑時は避けるようにしています。昼の忙しい時間は大変あわただしいから、私が顔を出したことで気が散ったら申し訳ない。その時間は近くの喫茶店で待機します。だからあまり数が回れなくて、多くても一日四軒くらいが限度なのです。

店回りでは必ず、差し入れを持っていきます。ある係長が、近所で買ったアンパンを持って回っていると聞いたときは、「そんなのはダメだ」と注意しました。滅多に食べられないような美味しいものを持っていき、喜ばれて、初めて意味があるのです。自分が心から美味しいと思えるものを差し入れなければ、それは失礼というものでしょう。

最近の定番は、京都の和菓子屋「仙太郎」のお饅頭《まんじゅう》です。いつでも行列ができている人気店で、少々値は張りますが、手作りの天然の味がとても美味しい。他店のものと比べると味の差は歴然としており、行列ができる理由もわかります。たくさん買うと結構重いので、腰が痛くなってしまうことも……。でも、みんな私がお饅頭を持って来ることを楽しみにしているので、係長に手伝ってもらい、頑張って持っていきます。

お店では何を見ているのか

店舗に着いて最初に見るのは、店先にあるサンプルケースです。これがきれいになっているかどうかは大事。埃《ほこり》をかぶっているお店には、入る気がしません。

当然ながら、その次にはそばを頼んで味を確認します。味をチェックするために必ずかけそばを頼む、というわけではなく、そのときに食べたいものや、売れ行きの良いものを頼むようにしています。まかないではないですから、お金もきちんと払います。私だけではなく全社員、たとえ常務でも、自分の勤務店以外を利用したら支払うルールです。

店長はつねに売上を気にしています。同じ社員といえども、一杯そばを平らげて「はい、ごちそうさま」で去ってしまわれては、せっかくの売上をとりこぼしたような気持ちになるはず。一杯食べるのなら、必ずお会計。それによって少しでもやる気が出れば良いと思うのです。

そうして、そばを食べて味を確認しながら、接客はどうなっているか、店内を見渡します。それではいったい、私は店内の何を気にしており、どのように目を光らせているのか。

実は、店回りで一番知りたいのは、「店と店長が噛《か》みあっているか」なのです。

以前、従業員の働きぶりをチェックする企業と契約をしたことがありました。私は「そんなのにお金を使うのはもったいない」と反対したのですが、結局、ものは試しということで一度使ってみることになりました。

調査員が店を訪れ、従業員の知らない間に、接客の態度やそばが提供されるまでの速さを記録します。集められたデータが届いたので見てみると、まるで通知表のようです。

その数値は機械的な評価でした。心のない、死んだデータと言って良いでしょう。従業員が積極的に楽しく仕事に取り組んでいるのか、お客様とどのようにコミュニケーションを取っているのか、本当の働きぶりはどうなのか。ほとんど何も伝わってきませんでした。

お店には立地ごとの特徴があり、さらに店と店長の相性というものがあります。ある店ではぱっとしなかった店長が、別の店に移ると、まるで水を得た魚のように生き返って大活躍することがあります。単純に、数字で判断できるものではありません。

A店長がそうでした。担当していたB店の業績があがらなくて、本人もいまいち元気がない。そこでC店に異動させたら、みるみるうちに業績があがっていきました。私も様子を見るためにお店に顔を出したのですが、生き生き働いているのがわかりました。

B店とC店は一見、大きな違いはありません。しかし、本質がまるで違いました。

お店にも人にも個性がある

B店は都心のビジネス街にあり、客層もサラリーマン中心で、とにかく忙しい。注文を高速で回転させないとお客様がパンパンに詰まってしまって、話しかけたり、会話を楽しんだりするような余裕はほとんどありません。

一方、C店は野球場の近くにあり、試合が開催される日はあわただしくても、それ以外はそこまで忙しくない。おばあさん、おじいさんがのんびり食事をするような店です。

B店は忙しいのが苦にならなくて、次から次へと仕事をさばくのが好きな人が、C店はお客様とコミュニケーションを取りながら関係性を築き、あれこれ工夫することができる人が向いていていました。

B店で働いていたころのA店長は、心ここにあらずという感じだったのに、C店では年寄り相手に、「新しいメニューが出ましたよ」なんてにこやかに説明している。仕事を手早く片づけていくのは苦手だけれど、コミュニケーション能力は高い。仕事ができないわけではなく、B店では良さが発揮できていなかっただけなのです。そういう適性は、実地で見てみないとわかりません。

逆のパターンもありました。大型の繁盛店で活躍していた店長がいたので、新たにオープンした店舗を任せたところ、なかなか売上が伸びなかったのです。少し意外ではありましたが、調べてみたところ理由はなんとなく察しがつきました。

彼は体力もあるし、働く気概もある。でも、少し情緒に欠けている面があったのです。

彼はあまり実家が裕福ではなく、親が必死で働く姿を見て育ってきたといいます。そのせいか、バリバリ働くことに対して抵抗はないけれど、余裕を楽しんだり、人と何気ない会話をしたりするのが苦手であるようでした。

新店舗では、全く新しいお客様と関係性を築くために、ちょっとしたお世辞を言ったり、冗談を言ったりする必要もあります。そういう交流によって距離を縮めていくと、常連が増え、お店はにぎわっていくものなのです。

その後、彼には多忙な駅前店に異動してもらいました。すると駅前店の売上があがり、さらに別の店長が入った新店舗の売上もあがり、一石二鳥でした。

人には持って生まれた性格や器があります。もし部下の業績がふるわなかったら、実力を発揮できる場所がないかと適材適所を考えるべきです。能力を発揮できていない従業員をただクビにしていくばかりでは、その企業には誰もいなくなってしまいます。もし業績がふるわない部下がいたら、それを責める前に、まずは「自分は部下の特徴を本当に理解できているのか?」と自身の責任を問い直してみましょう。

人は、通知表に書かれた数字ではわかりません。数値に変換して、「あなたは成績が悪い。はい、落第」とはいかない。生い立ちやバックグラウンドを考慮し、個性を見抜いて初めて、「この人はこの場所で能力が花開くんじゃないか」と判断できるものです。

叱り方にはコツがある

叱ることは絶対に必要

会社である程度上の立場に身を置く者ならば、「部下を叱るときはどうすれば良いか」というのは、かなり共通した悩みでしょう。

私は基本的に、従業員にはみんな幸せに働いてもらいたいと考えています。第一章でもそのように書きました。

ただしここが難しいところですが、だからといって何でも許容しているようでは、経営者としては失格です。最低限のルールがある中で一生懸命働いてくれた人には、給料や待遇を手厚くする。一方で、何も仕事をしないで、給料だけたくさんくださいというのは絶対に許されません。

人間は基本的に平等だし、機会も平等に与えるけれど、働かなくても報酬は平等、ということにはできません。会社にはお金儲けという目的があるわけですから、悪いところは悪い、良いところは良いと、そこははっきりと評価を下していきます。人の良いところだけしか見ない経営者では、上に立てないのです。

普段は穏やかにしているので、私のことを怒らない人間だと思っている人も多いようです。しかし当然、私でも怒ることはあります。それも、怒るとなればかなり激しく怒る。「雷を落とす」という表現が一番しっくりくるかもしれません。

それでは、私が雷を落とすのは、どのような人なのでしょうか。

私が叱るとき

私が叱る人というのは、大きく分ければ次の三通りのいずれかです。

一．失敗を恐れて何もしない人、怠けている人
二．失敗から何も学ぼうとしない人
三．他人の失敗をあざ笑う人

まず間違えないでほしいのですが、私は「失敗した人」は叱りません。挑戦してその結果がダメだったなら、それは仕方のないことです。やった上でダメだったなら、周りが助けていかなくてはいけない。一生懸命やっている人は、成長が遅くても、やり方が悪くても、最終的には必ず成功すると信じています。

しかし、何もやらずにグダグダ言っている人、怠けているくせにお金だけは欲しいと言う人、要領だけ良くて楽をしている人。これらを見抜いたら、私は徹底的に叱ります。

前述のように、富士そばでは、出店にふさわしい物件を探すのが常務の重要な仕事です。それなのに、いつまで経っても物件をあげてこない常務がいました。探して見つからないのなら仕方がないのですが、彼の場合は不動産回りが苦手で、避けようとしていることが明らかだったのです。私は彼を呼び出し、「言い訳無用。働くつもりがないのなら、今すぐ辞めてもらって構わない！」とどやしつけました。

二の「失敗から何も学ぼうとしない人」もいけません。

あるとき、店長会議で、一人ずつ店長にみんなの前に出て近況を報告してもらいました。

売上が前年比であがっている店もあれば、下がっている店もありました。下がっている店の店長に、私は「どうして去年よりマイナスになったんだと思う?」と聞きました。

決して責めているわけではありません。マイナスになってしまったのは結果だから、これをいくら追及しても仕方がない。重要なのは、マイナスになった要因を探すことです。「メニューが客層に合っていなかった」「近所で工事があって、通りを歩くサラリーマンの流れが変わった」など、考えられる理由はいろいろある。どれが主要な原因か分析して、それを克服していかないかぎり、次には進めません。

そこで「わかりません」とだけ答えたまま、黙ってしまった店長がいました。どれだけ待っても、答えを考えようとしません。私は叱りました。分析をしようとしないのは、失敗から目を逸《そ》らしているだけだからです。

ただし、そうやって失敗した人を「ほれ見たことか」「いい気味だ」とあざ笑ったり、こき下ろしたりするような三のタイプも、絶対に許しません。私はそんなに大きな人間ではないので、悪いことは悪いと徹底的に責めるのです。

叱るときには人前で叱る

また、従業員を叱るときには、人前で叱ることにしています。「みんなの見ていないところでこっそり叱った方が、相手に恥をかかせないで済む」という意見もありますが、悪いことをしたのに、恥もかかずプライドも傷つかず、反省だけするというのは虫がよすぎる話です。

人前で叱ることで、「叱られるだけの理由があるということ」を感じてもらい、同時に「なぜ叱られているか」を周囲に知らしめる効果もあります。すると、周囲の従業員は同じ過ちを犯さないように胸に刻むのです。

同じように、褒めるときはみんなの前で褒めます。これもどうして褒められたか、周囲の参考になるからです。

そして叱られた人には、ちゃんと頭を下げて謝ることを望みます。黙っていては反省しているのか、ふて腐れているのか、よくわかりません。

叱った後、何も言わない部下にさらにこう言ったことがあります。

「自分が悪いと思ったときには、謝ったらどうだ！　私は三歳児にだって頭を下げる勇気を持っているぞ！」

これは本心です。以前、お店のアルバイトと話していたら、あまり元気がなかった。なんでも富士そばの仕事が終わってから、また別の居酒屋で働くというのです。

「大変だね。富士そばの給料が安いんだろうな。もっと給料が高ければ、他に勧める必要はないんだろうけれど……。こんな額しか出せなくて、本当にごめんね」

給料は出せるものならもっと出してやりたい、とつねに思っていましたから、素直にそう伝えました。申し訳ない気持ちがあるならば、それを正直に言葉にすれば良いだけです。

大人になると変なプライドが生まれて、なかなか謝れなくなる。しかし私の経験上、成功する人は、謝る勇気を持っている人でした。私もいつまでも、自分が間違った、悪かったと思えば、たとえ相手が誰であろうと素直に頭を下げられる人間でいたいものです。

年功序列はダメな制度

失敗という話題にも関わるので、年功序列の話題にも触れておきましょう。

年功序列という制度についてどう思うか、と聞かれることがあります。日本的な企業で従業員に優しい富士そばは、会社に長くいる人ほど手厚くする年功序列制度を好むのでは、と思われているのかもしれません。

結論から言うと、年功序列は全くもってダメな制度だと思います。というのも、それでは会社も従業員も成長しないからです。自動的に年上の人が偉くなる、長く在籍しているだけで給料も増えるなんてとんでもない。年長者は「ただ長くいれば良い」と考えるようになって努力しなくなり、それを見た年次の浅い従業員からやる気が失われていきます。

リーダーに年齢は全然関係ありません。若い人の中にも優秀な人財がいますから、そういう人にこそ仕事を任せれば良い。

ちなみに、世間では「優秀」といえば頭の良い人を思い浮かべるのが一般的でしょうか。しかし私の定義は少し違います。

賢い、頭が良いと言ったって、人間は大体が同じような身体、同じような土台を持っていて、そう大きな違いがあるはずもありません。ずば抜けて頭が良い人もたまにいますが、それこそ本当に一握りです。

では差がどこでつくかといえば、「やるかやらないか」。それに尽きると思います。どんなに頭の良い人でも、全然動かないようでは結果も出ない。それでは優秀とは言えません。

私の見てきたところ、「やるかやらないか」で「やらない」を選んでいる人というのは案外多いのです。そういう人のほとんどは、失敗するのを恐れています。

しかし、人は動くからこそ失敗をするわけで、何もやらない人は、そもそも失敗すらできません。「自分は失敗をしていない」と胸を張る人は、「何もしていない」と自ら告白しているようなものです。

だから自分から積極的に動いて失敗した従業員を、私は絶対に責めないと決めています。失敗を責めたてると、挑戦をする人が現れなくなりますから。むしろ、「よく失敗したな」と褒めてあげたいぐらいです。

私も成功したいという夢を持って上京し、いろいろ苦労をしました。その大半は失敗の経験です。あれこれ失敗したから、今の立ち食いそば屋という業界に行き着いたわけで、失敗がなければ富士そばも生まれなかったことでしょう。

なぜ分社制度を取っているのか

分社制度とは何か

富士そばは、八つの会社（グループ）から成り立っています。ダイタンホールディングス株式会社、ダイタンフード株式会社、ダイタン企画株式会社、ダイタン食品株式会社、池袋ダイタンフード株式会社、ダイタンイート株式会社、ダイタンミール株式会社、ダイタンキッチン株式会社の八社です。

これらの会社がそれぞれどう違うのか、ご存じでしょうか。東京の東側はダイタンフード、埼玉はダイタンキッチン……と担当エリアを分けているのか。あるいは、商品開発はダイタンミール、物件探しはダイタン企画というふうに事業内容で分けているのか。残念ながら、いずれも違います。

実は、やっている事業内容はみんな同じ。「富士そば」の店舗経営です。全く同じこと

富士そばの組織図（略図）

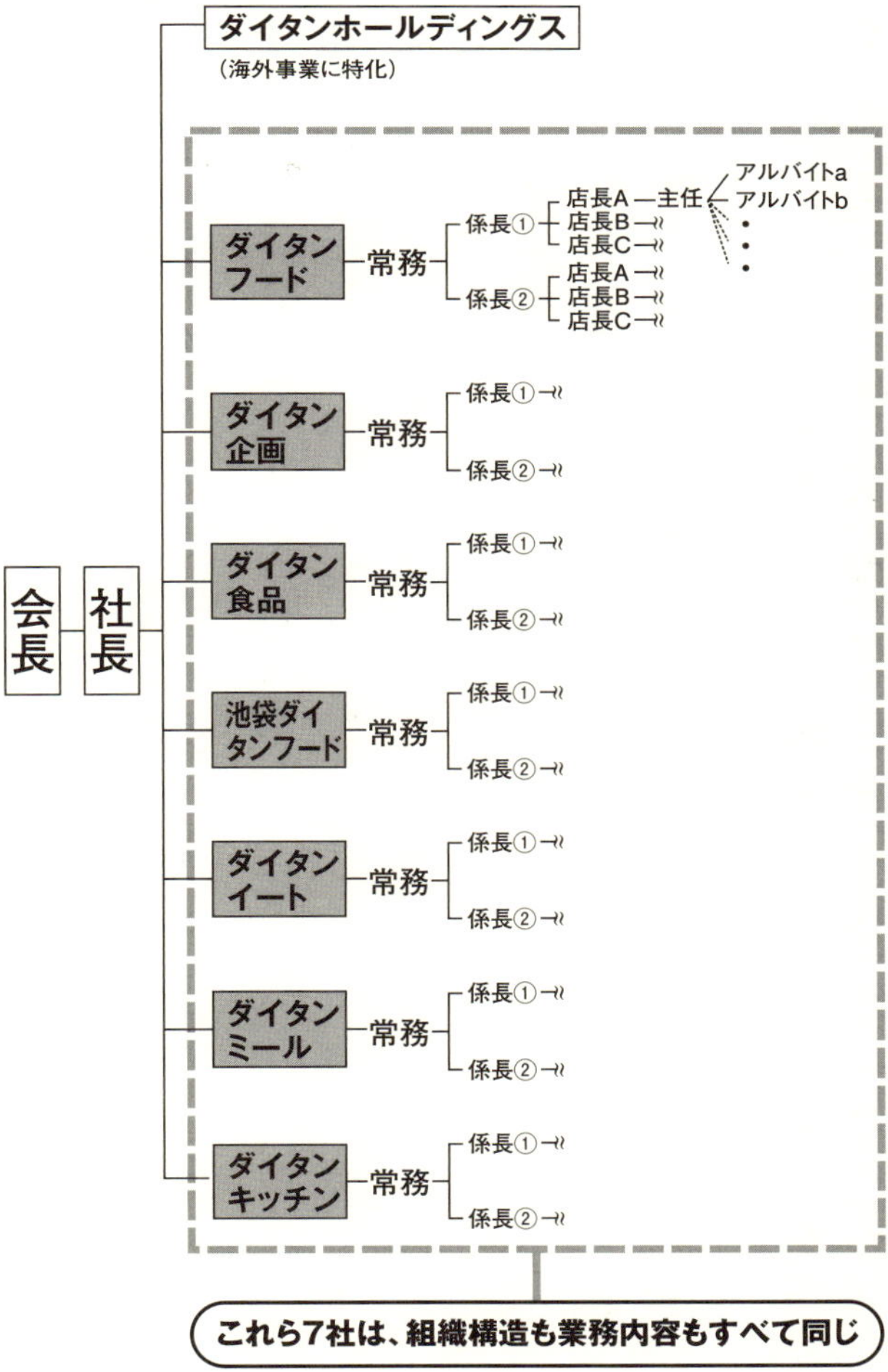
ダイタンホールディングス
（海外事業に特化）
会長
社長
ダイタンフード
常務
係長①
係長②
店長A
店長B
店長C
主任
アルバイトa
アルバイトb
ダイタン企画
ダイタン食品
池袋ダイタンフード
ダイタンイート
ダイタンミール
ダイタンキッチン
これら7社は、組織構造も業務内容もすべて同じをやっている会社が、別々に七つあるというだけなのです。例外がダイタンホールディングス株式会社で、ここだけ海外事業に特化しています。

それぞれの会社は、どの場所で出店しようが、どんなメニューを出そうが、何をやろうと構いません。たまに同じ駅前に複数の富士そばの店舗があり、ふしぎに思う方もいるようですが、あれは管理しているグループが違うのです。「ここの会社はこのエリア」などと割り振りをしているわけではないので、優良物件は取りあいになります。その結果、一つの駅の周りに別々の会社が出店するということが起こるのです。

なぜ会社を分けるのか

普通に考えれば、すべてを一社にまとめて部署制にした方が、コストはかかりません。各社に一人ずついる経理や総務だって、まとめれば全体で二人か三人で済むかもしれない。そういう意味では、損ではあるのです。

それならば、なぜこのような体制を取っているかというと、会社を分けることでそれぞれが競争意識を持つからです。読者の皆さんも、たとえば運動会でチーム分けされたら、自然と「他のチームに負けないぞ」という闘志が湧きませんでしたか？　気がついたらチームメイトと必死に協力しあっていませんでしたか？　あれと同じ原理です。

分社制では、基本的には各自のグループが成果をあげられれば良いのです。手の内や情報をばらす必要もないので、全体会議で殊更に自社の情報を開示する必要もありません。

決算書も別々で、各社の業績がすぐにわかるし、常務の給料も全部公表されます。そうやって全部を透明にしていると、トップには責任感が生まれ、腰の重い人間も自然と働くようになります。

これは常務にとってもありがたいことなのではないかと思っています。どこまでが自分の責任範囲かわからず、何となく仕事をしていても、なかなかやる気は生まれない。しかし会社を完全に分けてしまって、「君の責任範囲はここまで」と明確にすると、「負けてはいられない」とやる気が出るものです。

他の会社に負けたくないから、私が黙っていても、常務たちは積極的に物件を探しに出かけて行きます。他のグループが社員旅行に行ったと聞くと、「うちもみんなを旅行に連れて行ってやろう」なんて、必死に考える。一国一城の主だと思うと頑張れるのです。

以前に、同様の仕組みがアメリカのシリコンバレーに本拠を置く複数の企業でも見られると聞き、驚いたことがあります。意外と合理的な仕組みなのかもしれません。

競争心を煽《あお》るのもバランスが重要

常務には相応の給料、それなりの交際費を与えています。歩合制ではありません。良い物件の契約が取れなくて、急に収入が落ちるような安定のなさだと、仕事に集中できないからです。ただし、成果を出した常務はどんどん給料が上がっていきます。プラスの成果だけが評価され、累積していく仕組みです。中には、驚くほどの給料をもらっている常務もいます。

ですが、「お前の会社が一位だ。あいつの会社は二位。もう少しで追いつかれるぞ」などという言い方では煽りません。途端に嫌らしくなるからです。外からプレッシャーをかけて追い詰めるのではなく、自然と内発的に競争心が起こるよう仕向ける、この匙《さじ》加減がなかなか難しい。でも、こうした仕組みをつくるのも経営者の仕事です。

かつてそれぞれのグループは、都内のさまざまな場所に点在しており、当時社長であった私は一カ月に一回しか各社のオフィスを見回りに行きませんでした。それは「本社から離れた場所で、自分は経営をしている。この会社を大事にしなくちゃいけない」と常務たちの独立心が高まると思ったからです。

しかし二〇一五（平成二七）年に、いろんなところに散らばっていた会社を代々木に集結させました。

それは新社長から、「離れていたらやりにくいので、一緒の方が良い」という要請があったからです。私は常務たちと数々の苦難をともに乗り越えてきて、密接な関係にありましたが、社長からしたら会社の常務や係長は、ほぼ他人に等しい。それを、離れた位置からばらばらに指示を出すというのではやりにくいので、一つに集約したわけです。

驚いたことに、代々木のオフィスに集結させてからというもの、理想的な物件が上がってくるまでのスピードが格段に上がりました。八つの会社が同じオフィスの中で、互いの様子が見える状態で働いているために、より一層、競争意識が高まっているのかもしれません。これは全く予期していなかった、嬉しい誤算です。

今、常務として仕事を任せられる能力のある社員がもう一人いるので、近いうちにもう一つ、会社をつくろうかと考えています。そうすれば、その分の係長などのポストも増えて、さらにやる気を生み出すことができるでしょう。心配しているのは、今度は新しい会社の名前をどうするかぐらいです。

仕事は一番忙しい者に頼め

せっかくなので、富士そばの組織について、もう一つだけ補足をしておきましょう。

富士そばには人事部がありません。そんなに大きな企業じゃないから必要ないのです、と説明しても、なかなか信じてくれない人もいます。

本章で説明したように、どんな人財が必要かを誰よりもよく知っているのは現場です。だとすれば、新しい従業員は現場に選んでもらうのが、最もミスマッチが起きにくい。だから人事部をつくらず、現場をよく知っている係長や常務に採用を一任しているわけです。

かつて水商売の大規模店舗を経営していたとき、経営陣が営業推進部、商品開発部、営業部、管理部など、いろいろな専門の部署をつくろうとするので、それはやめた方が良いと助言したことがあります。

もし部署が分かれていれば、営業推進部が物件を持って来て、商品開発部が新製品を開発して、営業部が売り込んで、管理部が運営する、というような役割分担におのずとなっていくでしょう。業績が順調なときは、それはそれで効率的で良いと思います。しかし、うまくいかなかったとき、どうなるか。

「お前が持って来た物件の場所が悪いからダメなんだ」「違う。お前の営業が足りないからうまくいかないんだ」と、他の部署との責任の押しつけあいが始まることでしょう。

また、部署を分けてしまうと「自分は営業だけやっていれば良い。他の仕事は全く関係がないし、考える必要もない」という考え方になってしまう。専門的といえば聞こえは良いけれど、会社全体に考えが及ばなくなるのです。

さらにいえば、あまりにも長い間一つの分野に留まっていると、そのうち飽きが来て嫌になってしまうかもしれないし、ある日突然、他部署に回されて途方にくれてしまう、などということも起こるかもしれない。

そうした数々のトラブルを見てきましたから、富士そばでは一人の人間に物件探しも開発も営業も資金調達も全部任せることにして、敢《あ》えて部署をつくらなかったのです。

人間は、いろんなことをやらせた方が良い。あるときは現場で働いたり、あるときは本部で数字を確認したり、あるときは金融機関との交渉を行い、資金集めに奔走したり、いろんな方面に関わることで仕事の全体像が見えてきます。さらに、関わるポイントが多くなるほど、会社に貢献していることが実感できるので、最初は嫌々でも、次第に意欲が出てくるものです。

たとえば、店舗開発部が見つけ出した物件を渡されても、現場や監督者は受け身になり、あまり愛着が湧かないということが往々にしてあります。逆に自分で汗水垂らして見つけた物件であれば責任感も芽生え、本気で売上を伸ばそうという気になるでしょう。

そして、開発をやらなくてはいけないし、営業のやり方も考えなくてはいけない、さらに予算も管理も資金調達も……と一人で忙しく物事を考えている状態の方が、いろいろなことに気を配れるものです。

ナポレオンが、「**仕事を頼むときは、一番忙しい者に頼め**」という言葉を残したそうです。それを知って、我が意を得たり、と感じました。忙しい人ほど、物事をテキパキ片づけようとするので、仕事ができます。だから私は仕事を頼むとき、フロアを見回して、一番忙しそうな社員にお願いすることにしています。

最高の教育とは何か

良い教育とはどういうものか

企業を経営するにあたり、最も頭を悩ませることの一つが「社員の教育をどのように行うか」ではないでしょうか。会社の将来はどれだけ優れた人財を育てることができるかにかかっているわけで、いわば教育の成否が会社の命運を握っていると言っても差し支えないでしょう。

そこで本章の最後に、「教育」について、私の考えるところを紹介します。

教えて、育てることが教育。言葉にすれば単純なことに見えます。しかし経営者、そして親の立場から言っても、人に何かを教えて、育てるということは簡単ではありません。

良い教育とは何か。一〇〇人いれば一〇〇通りの答えが出てくるでしょうが、私は「で

きるかぎりの失敗をさせてやり、心から反省する機会を与える」ことだと思っています。

人は「ああ、自分は間違っていたんだ！」と心から反省したとき、「二度とこんな間違いはしないようにしよう」と誓い、その過ちを繰り返さないようになるものです。この営みこそが学習であり、その機会を与えるのが教育なのではないでしょうか。

そして心から反省する機会は、「**自発的に行動して失敗した経験**」だけから生まれます。もし、他人にやれと言われた行動で失敗した場合には、「仕方がないよ。別に自分がやりたかったわけじゃない」と逃げ道をつくってしまうものだからです。

だから、あれをやりなさい、これをしなさいと押しつける教育なら、むしろやらない方が良い。なんでもかんでも指示したり教えたりしていると、すべて指示待ちの姿勢になり、やがては心から反省する機会を奪ってしまうことになります。

自分のやりたいことを思う存分やってみた結果、失敗してしまう。そこで立ち止まり反省し、「これをやったからうまくいかなかったんだ」と理由を自分で考えられるようになるのが理想。それは会社にかぎらず学校でも、延いては社会生活全般でも同じではないでしょうか。

ある常務が以前、「これは絶対にいけます」と自信満々に動いた出店で、大失敗をしたことがありました。そのときは参ったなと思いましたが、挑戦した結果だったので特に叱ることはしませんでした。またそれ以降、彼が物件を持って来るたび、「今度こそ大丈夫だろうな?」と口うるさく確認することもしていません。

なぜなら、深く反省した彼は、それ以来同じ失敗を二度としていないからです。

失敗こそが唯一にして最高の教師である

現在、私は会長職におさまり、実質的な社長業は息子に任せています。そうして跡を継いだ二代目社長は、しばしば「今までと同じような商売ではつまらないし将来もないから、自分なりの新しいものを立ち上げたい」と言っています。

しかし、ビジネスはそう甘いものではありません。社長はいろいろなものに挑戦しては失敗を重ねているようです。また、彼は海外展開の事業も担当しているのですが、海外ではこれまで日本で学んできたノウハウが役に立たないことも多いでしょう。社長業は失敗の連続で、悪戦苦闘の日々であるはずです。

私からすれば「こうすれば良いのに」と思うこともしばしばありますが、敢えて何も言わないようにしています。これは決して気を遣っているわけではありません。口を出したところで、究極的には子どもは親の話なんて聞かないものだからです。まさに、私自身がそうでした。母にはつねに反対されながら、何度も上京を繰り返してきたわけですから。

親の指示通りにただただ動いていたら、仕事は全然面白くないだろうし、責任感も芽生えません。そんな状態で私が突然死んでしまったら、残された社長はただオロオロして、会社はすぐに潰れてしまうでしょう。それよりも何度も小さく躓くことで、「ああ、こうすると失敗するんだな」と自分で気づいてもらえれば、同じ失敗は二度と繰り返しません。本人が考え、選択し、失敗することに意味があるのです。

この教育方針は、我が家の子育てでも守っていたルールです。私は妻と相談し、「息子には押しつけがましいことを絶対に言わないようにしよう」と決めていました。「ああしなさい、こうしなさい」と口うるさく言うのではなく、むしろ本人から自然とやる気が芽生えて、行動を起こすことをとにかく待つ。できるかぎり、そうするように努めたのです。そうして、彼が自ら動いては失敗を重ね、成長をしていくさまを傍らで見守ってきました。

少し偉そうなことを言わせてもらうならば、親や教師が死んだ後に子どもが自立して動けるようにする、というのが教育の本質なのだと思うのです。私がいなくなった後、息子の力で富士そばがさらに繁盛したら、それはとても喜ばしいことです。

京急蒲田店・保科由樹《ゆうき》店長が語る「富士そば」と丹会長

店舗ごとにメニューが異なる富士そばですが、複数の店舗で共通して売られているメニューもあります。その一つが、エビ天丼。実はこれ、私がつくったんです。

高校卒業後、私は焼肉屋で三年ほど働きました。その後、不動産業を経て、おそばが好きだったという理由もあり、富士そばへ入社しました。

入ってみて、富士そばは商品開発のアイデアを自由に出せるのがいいなと感じました。それまで働いてきた会社だと、いくらアイデアを思いついたと言っても、上司に気に入ってもらえるかどうかと顔色を窺《うかが》いながらの提案になってしまう。それが、富士そばでは「こういうことがやりたいです」と率直に伝えられる空気があります。さらに自分の考えたメニューがお店で採用されて、食べたお客様に「美味しい」と直《じか》に言ってもらえる。これは相当モチベーションが上がる要素ですね。

店舗によって、新メニュー開発に積極的なお店、定番メニューを重視するお店などと分かれるようです。ただ会社全体としては、「どんどんアイデアを出してくれ」という活気にあふれています。私の上司である係長も、「一度やってみないと、売れるかどうかはわからないよ」という考え方。柔軟な精神が根づいている会社だと思います。

店長のシフトは基本的に早番で、午後の早い時間に仕事が終わります。そこからは自発的に、新メニューをあれこれ研究しています。京急蒲田店は厨房の奥に地下室のような奥まったスペースがあり、そこがいわば自分の「秘密基地」。さまざまな具材を持ち込んでは試作品をつくっています。いろいろ考えるのが楽しくて、趣味の領域と言って良いかもしれません。一年間で、大体、二、三品は新メニューを出しているでしょうか。

完成した試作品は、まずアルバイトさんに食べてもらいます。そこで半数以上が「美味しい」という感想だった場合、次は係長に提出します。これは良い、これはダメだと直接的に判断されることもあるし、「他にこの食材をつけ足してみたら、もっと良くなるんじゃない？」とプラスアルファの提案をもらうこともあります。

かつて考案したメニューに、肉を醤油ダレで炒めた「焼きスタミナ丼」がありました。おそば屋さんだから当たり前ですが、富士そばにはフライパンを使って調理をするイメージがありません。だから、もし厨房でフライパンを振っている姿を見せることができたら、お客様の予想を裏切ることができて、びっくりさせられるんじゃないか……というのが発想の源でした。もちろん料理自体も自信作ではありましたが、パフォーマンスも込みで思いついた、異色のメニューです。

「だし氷そば」もつくりました。名前の通り、つゆを冷凍庫で凍らせて、シャーベット状にした一品です。

これを思いついたのは、お客様の一言がきっかけでした。夏場にはつゆをよく冷やすようにしているのですが、あるとき、「もっと冷たい方が良いよ」と言われて、「もっと冷たくするには、もう凍らせるしかない！」という結論に至ったのです（笑）。

お店の常連さんとはよく会話をしています。「今日のそば、いつもと違ったよ」と直接言ってもらうことで、何が違ったんだろう、どうしたらもっと良くなるんだろう、とヒントをもらうことが少なくありません。

お客様との距離が近いのも、富士そばの優れた点の一つでしょうね。間近で反応が見られるので、自分たちがどんな商品を提供できているのか、よくわかります。

お店を支えているのはフランクな語りあい

富士そばで求められている能力は、「人柄」ではないでしょうか。穏やかで他人をまとめられる人や、普段から努力を怠らない人が、抜擢されやすいと思います。

富士そば自体が、とても人を大切にする会社だという印象が強いですね。よく上司から言われるのは、「店長なら、アルバイトさんの不満や悩みをちゃんと聞きなさい」ということ。だからコミュニケーションを取る機会を多く設けて、あれこれ話しあっています。現場以外でもフランクに相談を受けることがあり、そういう場合は店の外で会議をしやすいように、会社からミーティング代という経費が支給されます。

私も悩みや要望があるときには、上司に肩ひじ張らない場所に連れて行ってもらって、お茶をしながら話を聞いてもらうことが多いです。

相手が会長や常務になると緊張して、さすがに気を遣ってしまいますが、直属の上司である係長なら本音を包み隠さず、腹を割った議論ができます。またそれが許される雰囲気もあります。

従業員と店長が、そして店長と係長が息を合わせなければ、お店はうまく回りません。だから、話のできる場を定期的に設けてもらえるのは、非常にありがたいですね。

会長は味覚が敏感な人

会長は抜き打ちに近い形で、お店に見回りに来られます。お店の中に目立つ汚れがないか、つゆの味、天ぷらの状態は問題がないかなど、一通り見ていただいています。

会長の印象は「味覚が敏感」。以前、推奨されるのと違うやり方で玉ねぎを切って、天ぷらにしたことがありました。会長はそれを口にすると「普段と切り方が違うんじゃないかな」と指摘されたんです。驚くと、「甘味が違うからわかるんだよ」と。

普段から食べ比べをされていることで、味をしっかり覚えていらっしゃるんでしょうね。ダメ出しをされることもありますが、「美味しかったよ」と言っていただけると、お墨付きを得たようで、自信を持って営業できます。

つねに念頭に置いている言葉は、会長の口癖である「とにかく美味しいものを出す」。

そして、富士そばを立ち上げたときに掲げたという「早い、安い、美味《うま》い」。この三つがぶれなければ、お店の経営は必ずうまくいくと信じています。

「安い」という要素は、会社の判断や事情もあるので、必ずしも現場の理想通りにいくとはかぎりません。しかし、「早い」「美味い」は自分たちの努力次第で達成できる部分。そこだけはとにかく突き詰めていきたいです。

それと、おかしな話なんですが、会長とはいつか、友達のようにじっくりと話をしてみたいなと思ってしまうんです。仲良くなって、二人でお茶でもしながら話せるようなことがあれば良いなぁと（笑）。やはり、お人柄から魅力がにじみ出ているということなんでしょうかね。

富士そばを一言で表すと、「自由」。自由だから発想を実現させやすい。それが、ここまで富士そばを大きくした原動力のような気がしています。

没メニュー①「まるごとトマトそば」。トマトをまるごと一つ、そばの上にのせた奇抜なメニューです。話題になったので、考案者には広報賞が与えられました。

没メニュー②「モッフルそば」。ワッフルを焼く機械でお餅を焼いて、そばの上にのせました。今では完全にお蔵入りし、文字通りの「幻のメニュー」です。

第四章　商売のコツとは何か

富士そばが従業員になるべく手厚く、そして余裕のある経営を行えているのは、本業での結果があってこその話です。幸い、二〇一七（平成二九）年に入っても店舗数は増え、業績も成長を続けています。背景には、もちろん従業員の頑張りや運の要素もあるでしょうが、一つの要因として、私が身につけてきたビジネスの経験が生きているのだと思います。

そこで本章では、富士そばの経営で生かされている「商売のコツ」をご紹介しましょう。立ち食いそばというかぎられた業界での話が主ですが、基本的な頭の働かせ方や、判断の仕方などの点で、ビジネス全般で何らかの参考になる部分もあるのではないかと思います。

富士そばは不動産業である

立ち食いそば屋は物件がすべて

立ち食いそば屋における、良い物件の条件とは何か。しばしばこんなテーマで取材を受けることがあります。ライバルに真似をされてしまう恐れがあるので、本当はあまり明かしたくはない情報なのですが、ここでは少しだけそのエッセンスをお教えしましょう。

まずは、お店の広さについて。昔は一〇坪くらいあれば十分で、一四～一五坪もあれば広い方でした。しかし今はその大きさは普通で、二〇坪あっても良いぐらいです。

というのもバブル崩壊以前は誰もが小忙《こぜわ》しく、回転率がとても高かった。椅子もなく、文字通りの「立ち食い」が基本でした。それが近年では、椅子に座りゆっくりと食べたり、食事中におしゃべりをしたいという人が増えています。回転が遅くなりましたが、値段はむやみに上げられないので、その分お店を広くして売上を維持しようという狙いです。

そして物件が一階にあること、間口が広いことも大切な条件です。その方が、外から中の様子が見えてアピール性が高く、入りたくなります。お店が二階にあったり、間口が狭かったりすると、中の様子が窺えず、なかなか入ろうという気になりにくいものです。

さらに、大きな交差点などに接する角地であれば理想的です。単純に目立つからです。

店の目の前の歩道やスペースは、狭いのが理想とまでは言わないけれど、あまり広すぎない方が良いです。広場があるということになると、これはいけません。広場の反対側を通りかかって富士そばが目に入っても、せいぜい「おっ、あそこに富士そばがあるな」と思うぐらいで、わざわざ行こうとは考えない。立ち食いそばには、それほど人を呼ぶ力はないのです。広場を横切ってまで入っていこうという人はあまりいないでしょう。

これが、店の前の歩道やスペースが狭い場合、間近でちらりと見えた店内の様子や、漂ってくる匂いにつられて、ふと足を踏み入れたくなることがあります。昔、フライパンで醤油を焦がして、店の外に向けて扇風機で匂いを拡散させてみたこともあります。すると、面白いようにお客様が入りました。やはり目や鼻に直接訴えかけると効果的なのです。

駅には半歩でも近い方が良い

駅からの距離は、ケース・バイ・ケースです。駅近でも目立たない場所ならば、人が通らないこともあるし、やや遠くても人通りが多いところもありますから。

ただし原則としては、駅に半歩でも近い方が良いでしょう。立ち食いそば屋を利用するお客様は、さっと手軽に食事を済ませたいという方が多い。そうした方が駅を出てすぐの場所で飲食店を選ぶ場合、たとえ一〇〇メートル歩けばもっと美味しい店があるとしても、大体はすぐ入れる駅近のお店を選ぶことでしょう。わざわざ遠いお店に足を運ぶのは、よほど熱心なファンだけです。なので、他の条件が完璧でも、近くに競合店があるという理由で出店を見送ったことは多々あります。

特に、より駅の近くに他の立ち食いそば屋があったら、出店は避けます。どんなに小さい個人店で、味が美味しくない店だとしても、です。

「こんなに小さくて、味も大したことのない店が相手なら勝てるだろう」と判断して出店してしまえば良い？　それは考えが甘い。うぬぼれの過ぎた読み違いというものです。小さくても、味が抜きんでていなくても、お客様はそれなりについているものだからです。一定のパイが奪われてしまうことを覚悟しなければいけません。

職場や家の近くで、いつも食べるお店が決まっている人に、それを変えさせるのは至難の業です。経験上、通うお店を変えるのに大体三カ月はかかるでしょうか。牛丼屋や定食屋でもそのぐらいの時間を要するので、ましして同じそば屋だったらさらに時間がかかります。

また、駅との距離があればあるほど、将来的に、駅により近い区画の物件が空いたときに、競合店に出店されてしまう可能性が高くなります。だから、駅との間にある他業種の並びも気にします。たとえば大手企業、銀行や証券会社、和菓子の「虎屋」のような繁盛している老舗は、近いうちに撤退する可能性がかなり低い。駅までの区画がそれらで埋まっているようだったら、ライバルも店を出しにくいので、やや安心できます。

黒い服が多い場所を狙え!

周辺環境としては、大学のように人の集まる施設があると繁盛しそうに思われるかもしれませんが、それは誤解です。というのも、大学は年に二回も長い休みがあって、閑散としてしまう時期があるからです。遊園地も休日はにぎわうけれど、平日はそこまで混みません。集客を見込んでこうした施設の近くに出店した場合、時期によって売上に大きくムラが出てしまうことになりかねません。たとえ人が多く集まっている印象のある場所であっても、出店するときにはよく吟味・検討しなければならないのです。

結局、一番良いのは会社がたくさんあって、サラリーマンがたくさん集まっているビジネス街なのです。会社員は雨が降ろうが槍《やり》が降ろうが、必ず出社しなければなりませんし、仕事をしていれば必ずお腹が減るものですから。

都内のOLは、食べたいランチがあれば電車で二駅ぐらい移動することがあるといいます。富士そばの本社で働く若い女性社員に聞いても、同じことを言っていました。しかし、サラリーマンは、まずそんなことはしません。店が近くにあって、頼んだらすぐ出てきて、手軽で安くて、それなりに味も良い。そういう要素を重視する。つまり、立ち食いそばはサラリーマンの食べ物であり、ビジネス街に出すのが基本であるということなのです。

こう書くと、さも当たり前の結論に思えるものですが、立ち食いそばの商売を始めた当初は、そんな当たり前のことさえもわかっていませんでした。こういうことは、試行錯誤を繰り返すうちに学んだわけです。

また、一つの出店の基準として「五分間に一〇〇名以上通る場所」という条件もあります。その際、注目するのが通行人の「色」です。

女性は赤などの原色の服を鮮やかに着こなしますが、サラリーマンが身に着けるのは、ほとんどが黒っぽいスーツ。つまり通行人全体の印象として黒ければ黒いほど、出店は成功する可能性が高いと言えます。そのため、私はこのように指示を出しています。

「黒い服を着た人が、五分間に一〇〇人以上通る道を狙いなさい！」

また、私は普段、電車やタクシーで移動をするときにも、通過する街を眺めて「この地域はあまり立ち食いそば屋がないな。ここに出したらどうだろう」「この街は雰囲気が良い。こういうところに出店してみたいな」と考えたりしています。

狙いを定めたら、まずは最寄り駅の利用者数を調べます。朝昼晩、そして深夜。どの程度の人が通るかを見るわけですが、とりわけ一番大事な時間帯は、朝です。というのも、夜は早く帰宅する人も飲んで遅く帰る人もいて、利用者数にムラがありますが、朝の通勤時間はそれほど幅がなく、地元の利用者数を把握できるからです。また、朝に駅を利用した大多数の人は、帰りにも同じ駅を利用しますからね。

例外もありますが、**一日の乗降客が三万人以上**であることを原則としています。

出店を検討している駅では、タクシー乗り場を確認することもあります。利用者数はもちろん、運転手の機敏さも一つのポイントです。もしのんびりしていたり、慣れていないようだったら、この駅はあまり客がいないんだなと判断できるでしょう。一方、運転手がせわしくテキパキと動いていれば、客数が多いから手慣れているのだと考えられます。

タクシー乗り場がにぎわっている駅で、近くに立ち食いそば屋がなければ、そこは穴場です。駅を出てからタクシーに乗るまでの間に、立ち食いそばでお腹を膨らませたいという人は多い。そこは多少高い家賃を払っても、出店する価値があります。

物件の判断は「秒殺」

私はどちらかというとせっかちな性格で、待つのは苦手です。部下に頼んでいた案件は、「どうだった？」とすぐに結果を聞きたくなってしまいます。あまり急《せ》かすのも可哀想だし、なるべく言わないように我慢して待つよう心がけていますが……。

ただし、出店する物件の確保はスピードが勝負。とても良い物件が出ていて、「すぐに内覧させてもらいなさい」と指示しても、内覧に同行する設計士が忙しくて一週間後になってしまうということもあります。そんなときは、「だったら設計士じゃなくて良い。施工者が見たらわかるから、すぐに行ってもらって即判断しなさい」と指示します。

待っている間に誰かに取られてしまう可能性がある以上、とにかく早く動かないといけません。物件に関しては、ほとんど即決です。

常務は出店候補の物件を探してくるのが重要な仕事です。良い場所があると、私のところに「見てください」と持って来る。でも大抵の場合、私はそれをほんの数秒で「これはダメだ」と判断するから、みんなから「秒殺」と呼ばれています。

先日も都心の物件を見に行き、「ダメ」と秒殺しました。常務は靴の底をすり減らし、やっと見つけた物件なので、「ええっ、もっと調査しないんですか?」と嘆いていました。

第一印象でダメだと判断したら、それで決まり。それ以上の調査はしません。

なぜなら調査をすればするだけ、いろいろな良い点が目に入ってくるからです。そうすると人間は欲があるものだから、「もしかしたらうまくいくんじゃないか」と思い、さらに発展して「どうしてもやりたい」という方向に気持ちが傾いてしまう。だんだん情が移って、甘さが出て、失敗が起こりやすくなります。

だからちょっとでもダメだと思ったら、その時点できっぱりとやめる。情にほだされないようにするため、もう、二度と足を運ぶこともしません。

立ち食いそばは月の売上一万円の差で利益が出るか出ないか、という業界なので、危ない橋は渡れないという局面が多々あります。店を出すか出さないかは、ここまで挙げたような条件を厳しく守りながら、本当にぎりぎりの線で判断してやっているのです。

　これはさすがにマニュアルを読めばわかることではなくて、経験を積まないと判断できません。経験を積み、その蓄積から導かれる思考を信用するのはとても大事なことです。

　このように土地にこだわり続ける富士そばは、そば屋というより、もはや不動産業だと言っても良いかもしれません。

「富士そばは飲食店だけれど、一番こだわるべきなのは、実は不動産選びなんだ」

　このことに早い段階で気づけたからこそ、今日までの成長があったのだと思います。

サラリーマン感覚を磨く

長続きするお店の条件

私は日ごろから勉強のために、できたばかりの飲食店には積極的に足を運ぶようにしています。そうして経験を積み重ねていると、「この店はそんなに長く続かないな」と感じるパターンがいくつかあることに気づいてきます。

一つは、手を広げすぎる店。最初、醬油ラーメン専門店だったのが、他のスープに手を広げていたり、寿司屋だったのが肉料理や甘味を出すようになったり、そうやって本業から外れて、場当たり的に新しいものへと逃げていく店です。そうすると本業でだんだんとお客様の支持と信頼を失って、早いうちに店を畳むことになります。

そして当然ですが、美味しくない店も続きません。最近行った甘味の店は、お汁粉の味が薄いので器の中を覗《のぞ》いたら、ほとんどが水で顔が映るほどでした。この店には未来がないなと思いました。お客様を馬鹿にしてはいけません。

逆に、飛びぬけて美味しければ値段が高くても続いていくものです。とんかつ屋で、値段は高いけれど長く続いているお店を知っています。一方、別のとんかつ屋は味がいまいちで、安くしたり、キャベツのおかわりを無料にしたものの、閉店してしまいました。

チェーン店やファストフード店にもしばしば足を運びます。他の店のそばを食べてみることもありますが、そば限定で意識しているわけではありません。それよりも意識しているのは、値段です。

富士そばの客平均単価は四五〇円。それよりもうちょっと価格が上がって一食七〇〇円ということになると、お店はたくさんあって選べます。でも、七〇〇円を境に壁があって、それ以上の値段になると、少しお財布の紐《ひも》が固くなってくる。さらにビジネス街に行くと、九〇〇円ぐらいするランチも珍しくない。そういうものをいちいち食べ比べてみながら、あれこれ考えます。

「これとうちの四五〇円だったら、遜色ないのか。それとも半分程度の価値なのか」

「普段九〇〇円を出している人は富士そばで満足するだろうか」

「このメニューと同じ値段を出したら、富士そばでは何が食べられるだろうか。そして満足度はどちらが上だろうか?」

たとえば四五〇円のハンバーグセットを食べて、ボリュームはこっちの方が多いけれど、味は富士そばの方が良い……などと判断していくと、富士そばが飲食業界全体の中でどの程度の位置にいるのか、理解ができるというわけです。

とはいえ一食四五〇円のお店というと、実は探してもそんなに多くありません。だからこそ、富士そばの単価の安さは絶対的な武器になり得るのです。かけそば一杯三〇〇円のラインは、よほどのことがないかぎり、死守しなければならないと思っています。

やはりサラリーマンにとって、ワンコインでランチが食べられるかどうかは大きな問題です。四九〇円と五一〇円はたった二〇円の違いしかなくても、実感としては天と地ほどの差があるのではないでしょうか。

「天と地ほどの差がある」と感じることができるのは、私が普段からサラリーマンの目線を磨いているからでしょう。車は使わずにいつも電車で通勤し、駅から歩いた距離を身体に刻み込む。駅付近でにぎわっている店があれば、ためらわずに入ってみる。いつもお客様と同じ目線の高さを共有し、自分だったらどの店を選ぶかを考え、それを経営に反映させているのです。

私には、若き日の「一杯のかけそば」ならぬ、「一杯のコーヒー」の思い出があります。昔、まだお金がなかったころ、ある可愛い女の子に会いたいがあまり、高級な喫茶店に入り、やせ我慢して高いコーヒーを注文したのです。そのときには非常に良い気分になったのですが、店を出た後、「失敗したなあ、あのコーヒー代はもったいなかった」と悔やんでも悔やみきれませんでした。結局、四日間も反省して落ち込んでしまったのです。

そういう時代もあったから、お金は大事にするし、ありがたみもわかっているつもりです。今でも、経営者になったからといって、お金の重みを忘れたわけではありません。

絶対に安売りはしない

富士そばの最大の強みの一つは、その単価の安さです。現在の価格帯を守り続けることには大きな利点があります。しかし、商売は安ければ良いというものでもありません。私は、富士そばでは絶対に不必要な安売りをするな、と口を酸っぱくして言っています。富士そばの近くに、半額のそば屋さんが出たとしても、価格競争には絶対に応じません。

かつて、こんな提案をされたことがあります。吉祥寺には合計三店舗あるのですが、それら三店舗が協力して、その全店で食事をした人には天ぷらが一個タダになるクーポンを配るというのです。

私は「そんな安易なキャンペーンはしない方が良いよ」と諭しました。天ぷらが無料になることに惹かれて来店する人は、天ぷらが無料でなければ来ない人だからです。そのときだけは来るけれど、キャンペーンが終わった後はもう来ない。つまり、富士そばの継続的なファンになってはくれません。

飲食店を支えてくれるのは、「値段が多少高くても、ここの料理が好きだからいつも行くんだ！」という固定ファンです。一時期キャンペーンをやったというだけの理由で、そういうありがたいファンが生まれることはめったにありません。

ポイントがもらえることが、「あのお店よりもこっちが良い」とお店を選ぶ判断材料になることはあると思います。でもポイントがもらえるという理由が、買うかどうか悩んでいる商品を買う最終的な決め手になることは、まずないでしょう。本当に必要なものだったら、四の五の言わずに買うはずです。ポイントは本質にはなり得ないのです。

仮に安売りで繁盛しても、長くは続きません。

昔、名古屋でサラダ専門店を経営していたときのことです。木製の器に、値段からは考えられないボリュームのサラダを山盛りにし、さらに特製ドレッシングを三つも提供しました。中身も充実していたと思いますが、当時はサラダ専門店など世に存在していなかったこともあり、目新しさからテレビに取り上げられて話題になり、お店は大繁盛しました。

しかし好事魔多しとはこのこと。繁盛がピークに達したころ、従業員が過労で倒れてしまったのです。愕然《がくぜん》とする私に、知り合いの喫茶店の社長が教えてくれました。

「丹さんは商売というものをわかっていませんね。いいですか、商品を安売りしてはいけません。なぜか。商品を安売りすると、一気に来客が増える。そうなると従業員が疲れて、サービスが悪化する。すると、客に迷惑がかかる。しかも、忙しいわりに経営者の利益が薄くなる。従業員も、客も、経営者も、誰も利を得ない。悪い方向へ向かうだけです」

その社長が出した結論は、「飲食業は正当な価格で心のこもったサービスを提供し、余裕のある営業をした方が長続きする」でした。それ以来、富士そばではその教えを守り続けているわけです。

商いは牛のよだれのごとく

数年前、とある駅前で富士そばの横にあった高級そば屋がなくなって、機械でつくるインスタントそば屋ができたことがありました。するとお客様がそちらに流れて、富士そばの売上が急に下がりました。私が心配していたところ、従業員たちが「大丈夫です。必ず取り返してみせますから」と口を揃《そろ》えて言いました。

そのライバル店に偵察に行ってみたら、椅子はやけに高いし、カウンターも傾いている。肝心のおそばも全く美味しくありません。私は「これなら大丈夫だ。時間はかかるかもしれないけど、みんな頑張れ」と励ましました。

それからも、店長がお店の前でチラシを配って宣伝するというような、特別な活動をしたりはしませんでした。基本的には、それまでと変わらず美味しいものを適正価格で出していれば、お客様は戻ってくると判断したのです。

そして一年耐えたら、お客様が帰ってきて、売上も戻りました。新しい店舗の珍しさや値段の安さに惹かれて、客足がいったん遠ざかったとしても、食事というのは毎日繰り返す営みです。結局、ある程度は質の良いものを求めるのです。

昔、義父が「**商いは牛のよだれのごとく**」ということわざを教えてくれました。牛のよだれは、細長い線がたゆまず切れず、ゆっくりと落ちていきます。同じように商売も、短気を起こして投げ出したり、休んだりしてはいけない。絶え間なく同じことをコツコツとやっていれば、必ず好機は訪れるのです。

富士そばは現在、国内だけで一三〇店舗に迫るほどに拡大を続けています。それぐらいの規模やスピードで経営していると、細く長く落ち着いて、という原則を貫くのは難しい。しかし、最近では「牛のよだれのごとく」こそが商売の基本だなと、改めて感じています。安くて美味しくて、世に求められるものをコツコツとつくり続けていれば、慌てることはありません。

そば屋ではなく、スナックを目指せ！

立ち食いそばのイメージを変える

かつて私が富士そばを創業したころ、立ち食いそば屋は「川」という字の端の端、それも下の方だ、などと言われて馬鹿にされていました。

「川」という字の一番右の棒が国道のようなメインストリートだとすると、立ち食いそば屋は一番左の棒で、路地裏の一本道にあるような店。つまり連れ込み旅館、今でいうラブホテルと同類の業態だというイメージを抱かれていたのです。

一九七二（昭和四七）年の創業から一〇年以上経ったころ、道行く人に「そばといえば何をイメージしますか」と聞いてみると、ほとんど全員が「六〇〇円くらいのざるそば」と答えたものです。「立ち食いそばを知っていますか」とたずねても、「知っています」と答えたのは、せいぜい一〇人のうち三、四人。それほどマイナーな存在だったのです。

そんな状況がくやしかったので、せめて世の中の三分の一の人に、「そばといえば、立ち食いそば」と言ってもらえるようにしたいと思いました。そのためには、立ち食いそばのイメージをもっと良いものにしなければならないと考えたのです。具体的には、汚いという印象を持たれているお店をきれいにする。そして安っぽさを払拭しようと決めました。

最初に着手したのが、床の改装です。それまでの立ち食いそば屋といえば、板張りの壁、コンクリートの床が一般的。しかしそのままでは、「立ち食いそば屋は、ちょっと……」と敬遠している人は、いつまで経っても入ってくれるようにはなりません。私は思い切って、全店の床を大理石に取り替えることにしました。

本物の大理石を使う

初めて手がけたのが、高田馬場店です。床に大理石を嵌《は》めていったところ、四隅のコーナーが残りました。お店の構造上、ここにも大理石を入れるとすると、円形になるように大理石を削ることになり、残った欠片《かけら》の部分は捨てることになります。

それを見た業者さんからは、「こんなことをしていたら、いくらお金があっても足りませんよ。もったいない……」とため息をつかれ、社員からは「足元の床なんて、誰も見ていませんよ」と呆《あき》れ顔で言われたものです。

「いや、これで良いんだ」と私は答えました。多少お金がかかっても、やる以上はしっかりやりたかったのです。

プロならまだしも、一般のお客様が店に入るなり床を見て、「すごい、こんな隅まで本物の大理石を使っている！」と気づくことは、まずないでしょう。だけれども、良いものの方が見る人にとっては気持ちが良いし、感じるものも確実にあるはずです。

模造品を使って安く済ませる、という選択肢もありました。でも、見た目だけをそれらしく整えても、中身がハリボテだったら、お客様にはすぐに伝わってしまうものです。天然のフグと養殖のフグを比べたら、見た目はそっくりでも味が全然違うのと同じように。

内装がボロボロで、見るからに安っぽければ、自信を持って「立ち食いそば屋に来てください」とは言えません。イメージを一新するためには、どうしても本物を使う必要がありました。そこまで本気でお金をかけないかぎり、立ち食いそば屋を敬遠していたお客様の偏見や価値観は変わらないと考えたのです。

結局、かかったお金は一店舗あたり、約五〇〇〇万円。現在、丼物を出すようなチェーン店は内装に一店舗あたり一〇〇〇万円もかけないと聞いたことがあります。そう考えると、かなり派手に使ったものです。

今でも全店の床は大理石で揃えています。以前、値が張るという理由で、少しだけ大理石をやめた時期もありました。しかし、「最近では大理石を使ったのと使わないのとでは、負担はそれほど変わらないんですよ」というアドバイスを受け、すぐに戻しました。近年は大理石の値段も下がっており、だいぶ使いやすくなったのです。

その後も立ち食いそばのイメージを変える試みは続きます。店の入り口をガラス張りにし、椅子を設置して座って食べられるようにして、そばも生麺に替えました。今、道行く人に「そばといえば？」と聞けば、四〇～五〇パーセントくらいの人が「立ち食いそば」

と答えてくれるのではないでしょうか。それだけの自信があります。

それでも、かつて私が歌を習いに行っていた教室の生徒さんから、

「丹さん、富士そばの社長さんなんですって？　富士そばも、もうちょっとねえ……」

と言われたことがあります。よく聞いてみたら、彼女が普段行くのは高級店で、立ち食いそばといえば「安かろう、悪かろう」というイメージを持っていたのです。これは残念でした。まだ残りの五〇パーセントの方にとっては、そばといえば「六〇〇円くらいのざるそば」なのかもしれません。富士そばも、もっと頑張らないといけないと思いました。

ただし、そういう方々にも、お店に一回足を運んでさえもらえれば、悪いイメージを変えられる自信はあります。なんて言ったって、本物の大理石を使っていますから。

勝負のときに出し惜しみしない

ありがたいことに、富士そばのつゆは美味しい、とよく言ってもらいます。実は、つゆにはそれなりの自信があるのです。

一九八五（昭和六〇）年ごろ、大手の製粉会社と提携した立ち食いそば屋が、富士そばの

近くに何店か展開するということを報じた新聞記事を目にしました。売りは、揚げたての天ぷらだというのです。

バックに製粉会社がついているので、「これは下手をするとライバルになる。富士そばも呑気《のんき》にはしていられないぞ」と私は脅威に感じました。

向こうが天ぷらを重視するなら、うちはつゆの味で勝負だ。そう考え、使う鰹節《かつおぶし》の量を一・五倍に増やしたのです。結果、お金はかかりましたが、味が格段に良くなりました。

別のそば屋で働いていた従業員が、うちで働くようになって、「こんなにたくさん鰹節を使うんですか？」と仰天していました。また、ずっと以前に働いていた従業員が富士そばを久しぶりに食べて、「こんなに美味しくなったんですか」と驚いたこともあります。

それから、どれだけ不況が来ても鰹節の量は減らさず、ずっとそのままです。

また今では全店に同じ質のつゆを提供できるスープサーバーを置いてあります。これも正直、安いものではありません。ただ、富士そばでたまたま一杯のかけそばを食べる人に、「美味しい」と心に残るようなつゆを安定して出していきたい。そのためにスープサーバーの導入は、どうしても必要でした。

やはり「本物」を用意するにはお金がかかります。あまりケチケチしてはいけません。

宣伝費は要らない

東京近郊に住んでいれば、利用したことがなくても、富士そばを知っているという方は多いと思います。しかし全国的な知名度は、おそらくそこまで高くありません。

理由ははっきりしています。実は富士そばは、宣伝費がゼロだからです。新聞や雑誌に広告を全く打たないし、テレビCMを流したこともこれまでに一度もありません。

富士そばは、これまで立地勝負でやってきました。富士そばが出店するのは、駅から一〇〇メートル以内で、人通りの多い物件です。必ず目につくし、混んでいれば、「今度入ってみようかな」と思うような場所ばかり。お店に来ていただけて、美味しかったら、また足を運んでくれるでしょうし、それが評判になって広がるでしょう。

「富士そばって五〇〇店舗ぐらいあるんだよね？」

友人からこう聞かれたことがあります。しかし当時、出店していたのはたかだか八〇店舗程度。「そんなに多くないんだよ」と正確な店舗数を教えたら、「てっきり、もっとたくさん出店しているものだと思った」と驚かれました。

友人は、なぜそんなに多いと感じたのか。それはやはり、出店先の場所が良いからでしょう。電車に乗って窓から外を眺めているときや、駅で降りたときに何度も目にするような目立つ場所ばかり押さえているから、実際以上にたくさんあるように錯覚してもらえるのです。良い場所で営業していることが、すでに最高の宣伝になっているわけですから、それに加えてわざわざ高い宣伝費をかけて広告を出す必要がありません。そのあたりの、何が必要で何が不必要なのかを判断するメリハリも経営では重要です。

不動産業を営んでいたころ、知人の会社がCMを打ったことがありました。CM直後は商品が世間に一気に知れ渡るので、飛ぶように売れていたようです。

しかし少し時間が経つと、すぐ売れなくなってしまいました。さらにCMをやめると、「あの会社は潰れたんじゃないか」と思われ、逆効果になることが多いのです。お金をかけてそんな結果になるのは、なんとももったいない。

嫌らしい言い方をすると、CMはドーピングに似たところがあります。短期的には大きな効果が表れますが、その効果は決して長続きしません。

私は良い場所へ出店を続けていき、その実績が重なれば、将来的に不動産業者の方から「この場所は富士そばが気に入るはず」と、良い物件を持って来てくれるのではないか、と期待していました。今では、不動産業者から紹介したいという物件のファックスが、毎朝、本社に三〇枚ほど届きます。これまで物件に力を入れ続けてきた甲斐《かい》があったのです。

私は何事も続かなければ意味がないと考えるので、今後も地道に良い場所に出店することを続けるつもりです。ドーピングに頼らず、コツコツ身体を鍛えていきます。

スナックを目指せ!

実は、これまで富士そばをおそば屋さんにしようと思ったことは一度もありません。よく従業員にも「うちをそば屋だと思うな」と言っているのですが、なかなか私の意図は正確に伝わっていないようです。それも仕方がないことです。なにせ「富士そば」と店名に「そば」が入っているわけですから。

「そば屋だと思うな」の真意をより正確に表現するなら、「あまりそば屋くさくはするな」ということ。そば屋といえば、静かで落ち着いていて、少し店内が暗い高級店というイメージ。気軽に入れるという感じではないでしょう。しかし、富士そばは気軽に入れるお店にしていたいのです。

たとえば、某牛丼チェーンは誰でも気軽に入れるのが魅力です。それが一時期、内装に凝って、照明を暗くしているようでした。たぶん、一種の高級感を演出しようとしていたのでしょう。これは方向性を間違えていると私は感じました。

「今日は牛肉が食べたいな。よし、牛丼屋に行こう」と思う人は少ないはずです。大方が、「お腹が空いたな。じゃあ牛丼屋でも行こう」というところではないでしょうか。そういう「気軽に立ち寄る」お店に高級感があると、人は逆に敬遠してしまうものです。結局、その牛丼屋さんも最近になって、また元のように戻しているようですが……。

富士そばだって同じです。「今日はそばを食べたいから、富士そばに行こう」と考える人はなかなかいないと思うのです。それよりも、「ちょっとお腹が空いたし、ちょうど良い場所にあるから、富士そばでも良いかな」と思って来る人が大半でしょう。

つまり富士そばにとって「美味しいものを提供する」というのも当然大事な要素ですが、それと同じか、ひょっとしたらそれ以上に「気軽に立ち寄れる」雰囲気も大切なのです。

気軽に寄れるお店として、私が真っ先に思い浮かぶのはスナックです。音楽がかかっていて、お酒が飲めて、軽食もとれて、リラックスできる場所。富士そばが目指しているものは高級そば屋ではなく、気軽に入れる街のスナックなのです。

気軽に入ってもらうためには、不必要なまでに内装に凝ってはいけません。大理石によって高級感を演出していますが、逆に入りづらいと感じられてしまうといけないので、ガラス張りで店内を明るくして中和しています。

寒い日にはちょっと暖をとる、熱い日には日差しを避けて涼む。そういう目的で、みんなが気軽に一休みできるオアシスを目指しているわけです。

内装では、色にも気を遣っています。

設計士にはよく「**最近のテレビCMを見て、よく出てくる色を使ってくれないか**」と伝えています。テレビCMは明るい色を使うことが多く、日本人はそうした色を見慣れているので、親しみを感じるはず。だから、店内に明るい色がバランスよく使われていると、お客様は落ち着きを覚えるだろうと考えるに至ったのです。

「定義」を考える

これまで、イメージ戦略や内装などの解説をしてきました。そうした施策を打つときに、私はどういうことを意識していたのか。本章の最後に、そんなことをお話ししましょう。

昔から、粋《いき》な人は昼間からそば屋で一杯引っかけるという文化がありました。そこで、富士そばでも軽く飲める「ちょい呑《の》み」を最近試してみたのです。

最初に手がけた店は、高円寺店でした。店の前には「富士そば」ならぬ、「ふじ酒場」の提灯《ちょうちん》を掲げました。おつまみは、枝豆、冷や奴《やっこ》、板わさ、かつカレーのライス抜き。さらに、天ぷらをそばつゆにひたした天ぬきも出しました。いずれも通常メニューの具材で、手軽に用意できたのです。ビールは、サントリーのザ・プレミアム・モルツを約三〇〇円で提供。これなら一〇〇〇円でもそれなりに飲めます。

これがヒットしました。高円寺店はそれまで一日に三〇万円ぐらいの売上だったのが、その効果で四五万円売り上げるようになったほどです。一体どんなことをやっているのか、興味を示したサントリーの役員が来店したこともありました。

新しいメニューを出したり、戦略を立てたりするとき、私は「**定義は何か**」を口癖にしています。私の言う「定義」というのは、つまるところ「**売り**」や「**狙い**」のことです。

たとえば、この場所に出店したいと言われたら、「何の定義があって、こんなところに出すの?」と必ず聞きます。「ここは人がいっぱい通る」「家賃が安い」など、「どんな売りと狙いがあるか」を定義してもらうのです。

「ちょい呑み」には「定年後のお年寄りが気軽に寄れるだろう」という定義がありました。

私の世代は、敗戦を経験しました。その後、高度成長期で生活が逼迫《ひっぱく》することはなくなりましたが、幼少期に貧乏を経験したせいか、散財することに対して、どこか根本的な不安や恐怖があります。金銭的に少し余裕があればキャバレーや銀座のクラブに遊びに行くところでしょうが、多くの方にはそんな時間もお金もないのではないかと考えました。

そういう方が何をしているかといえば、夏の暑い盛りはデパートに入ってジーッとしていたり、天気が良ければ外をぶらぶらしたりしている。何もしなくてもお腹は空きます。そこであまりお金をかけずに軽くそばを食べられて、しかも一杯引っかけられるお店があったら、きっと足を運ぶはずだと予想したのです。

また、話し相手が近くにいなくて、寂しい思いをしている高齢の方も少なくありません。家で一人で飲んでいると孤独を感じますが、周囲に人がいれば寂しさも紛れるでしょう。なぜそれをするのか。誰にそれが求められているのか。「定義」を考えておくことで、狙いや戦略が明確になるというわけです。

津田沼店・花木幸輔店長が語る「富士そば」と丹会長

プログラマー、システムエンジニア、建築の施工管理……。これまでの自分の職歴です。要するに、飲食業から遠く離れた畑で育ってきたことになるでしょうか。

何度か転職を考えた際には、富士そばの求人情報はつねにチェックしていました。従業員に優しい企業だという噂を以前から聞いていたからです。

私の経験として、会社が個人に与える仕事は、どうしても枠組みが狭くなってしまいがちです。「この仕事をやりたいんです」と訴えても、その通りにやらせてくれることは珍しい。それが富士そばの店長になったら、メニューを決めるのも、新メニューの開発も「お好きにどうぞ」だったので、やはりこれは他の会社と違うぞ！と実感しました。

私がメニューを開発するときは、あまり思い悩まず、とりあえず動いてしまうことを信条にしています。ふと思いついたメニューが、店にある食材でつくれるようであれば、まずはつくり始めてみる。その出来上がりを味わい、美味しいのか美味しくないのか、いけるかいけないのかを判断します。

「トルネードポテトそば」もそうでした。当時、そばにフライドポテトをのせた「ポテそば」が流行《はや》っていて、もう一つひねりを加えたものができないか……と考えていたとき、ジャガイモ一個をらせん状に切って揚げたトルネードポテトを思い出したのです。頭に浮かんだら、即行動。もしボツになっても、自分の家で使えば良いと考えながら、手回しでポテトを切ることができる専用の道具を、自腹で購入しました。

試作は予想以上に大変でした。カットが薄いとポテトチップスのようでジャガイモの食感がないし、厚いと揚げても中まで火が通らない。またカットしたジャガイモをきれいに開いた状態にするのも難しい。結局、完成するまでに一カ月かかりました。

最初、係長にメニューを説明したときは「こいつは一体何を言っているんだ？」という当惑した反応でした（笑）。それでも、一回つくって見せたら、「これはインパクトがあって良い。店で出してみよう」とゴーサインをもらいました。上司である係長には、メニューとして出すか出さないかの判断をあおぎますが、基本的に美味しいと言われればOKです。ダメだった場

トルネードポテトそば

合、また次に頑張ろうと気持ちを切り替えます。

「トルネードポテトそば」を販売すると、珍しさもあって好評をいただきました。津田沼店以外でもメニューに入れた店もありましたが、手間がかかるのと技術が必要なので、今では当店だけで扱っています。

今のところ、トルネードポテトは単品でも一二〇円で売っています。「手間のわり

に安くないか?」と言われることもあります。でも学校帰りの高校生が喜んで買っていくんですよね。それが嬉しくて、まだしばらくお値段据え置きで頑張りたいと思っています。

目指すのは「友達の家」みたいなお店

富士そばは、私の周りでは店長同士の仲も良く、一緒に遊びに行ったり、飲みに行ったりする機会もよくあります。津田沼店が所属する会社・ダイタンイート内でのつながりは特に強いですね。と言っても同じグループの中だけでなく、他のグループの店長さんとも仲が良いということも珍しくありません。

以前、私は荻窪北口店に勤務していました。荻窪には駅の南口に荻窪店もあり、同じグループであってもライバル関係にありました。仕事中は「負けるものか」とライバル心を燃やしていましたが、業務が終わってしまえば「ちょっと飲みに行きますか」と誘いあうような関係でした。オンとオフを分けているといえば良いでしょうか。

店の売上や忙しさによって一度に働く従業員の数は変わります。津田沼店は通常、四人前後で回しています。忙しい時間帯は四三席がすべて埋まってしまうため、四人いても忙しいのですが、人数が足りない状況にならないよう心がけています。また、会社も人員に関してはつねに配慮しており、日ごろから「アルバイトさん一人一人に負担をかけすぎないように」と指導されています。

スタッフさんがいてこその店長であり、お店だと私は思っています。極端な話、スタッフさんから見放されてしまったら、店はどうにもならなくなってしまう。だからといって腫れ物に触るように気を遣うわけではなく、友達や家族のように気さくに接していきたい。これは、どの店長も意識していることではないでしょうか。

津田沼店では従業員同士が気兼ねなく、ラフに接することができる雰囲気になるよう心がけています。従業員同士であれば言葉遣いもそんなに気にしていません。そんな津田沼店のコンセプトは、「気軽に行けて、気の置けない場所」。私自身も、働いているのに、たまに友達の家にいるように感じてしまうことがあります。

厨房の中の雰囲気は、お客様にも伝わると思うんです。その雰囲気に惹かれて足を運んでもらいたいし、お客様が望まれるなら、少しフラットな感じで接したい。外食ではなく、家で食事をしているような気分になってもらえれば最高ですね。従業員同士、仲良くやれているし、すべて任されているという実感が強く、やりがいがある。だから富士そばの仕事は「楽しい」の一言に尽きます。

会長は「大きい」人

会長は年二回、店回りに来られます。

基本的にはそばを注文すると客席に座られて、一番大事なつゆの味を確認。その後は、特にお店の活気を気にしているようで、ぐるっと店内を見渡しています。そしてお土産の和菓子を置いて、「じゃあ頑張ってね〜」と帰って行かれる。

ここだけの話、会長が店に来ても、あまり気にしたことはないんです。「ああ、来られているんだ。だけど今は忙しいから、お客様優先で会長に対応することはできない……」なんて考えているうちに、もう帰り支度を始めている。でも、おそらく会長は特別扱いされるのはお好きじゃないとも思うんですよね。

店回りで歩き通しでしょうし、ハイヤーや自家用車を使わないで、今でも電車で通勤されているという話も聞きます。普通の経営者は偉くなれば秘書やお抱えの運転手がつくイメージですが、それとは正反対。「事務所や社長室は狭くて良い。そういうところに金を使うんじゃない」と公言されていて、自分を立派に見せようという気持ちをいっさい感じません。初めてお会いしたときに感じた「ちょっと普通の人とは違うな」という印象は、今に至るまでずっと変わりません。

会長って大きいんですよ。向かいあったときもそう感じますし、会議のときに遠くの席に座られていても、実際の身長以上に大きく見えます。偉ぶらないのに、ふしぎとそういうオーラを放っている方ですね。

第五章　経営者の役割とは何か

「丹さん、経営者の仕事も大変でしょう。普段はどういうことをしているの？」

こんな質問をされることがあります。確かに、経営者が何を考え、どのような仕事をしているのか、知っている方は少ないでしょう。ましてや、富士そばの会長なんて、普段お店で見かけることもないし、イメージが全く湧かないという方も多いはず。

そこで本章では、私が経営者として、普段どのように考えて何をしているのか、少しだけ紹介することにしましょう。

経営者には、やらねばならぬときがある

リーダーシップを振るうべきとき

第一章でお話ししたように、富士そばでは、メニューは基本的に従業員の提案を採用します。私はあまり口出しをしないのですが、珍しく私が主導したメニューがあります。それが煮干しラーメンです。

ラーメン屋で初めて煮干しラーメンを食べたとき、味にインパクトがあると感じました。ダシが煮干しというのも面白い。これはそば屋にも合うんじゃないかとひらめき、「富士そばでも展開しよう」とすぐに指示を出しました。

富士そばでラーメン自体が珍しいわけではありません。昔ながらのオーソドックスな醤油ラーメンは、以前から売っていました。

その後、食品メーカーと話しあったり、スープをいろいろ開発したりと試行錯誤し、富士そばの煮干しラーメンが完成しました。

しかし、そうしてできた煮干しラーメンは試験的に数店舗でチョコチョコと販売されただけだったのです。それを知って私は、「一店舗や二店舗で売ったって、たかが知れている。これは全店舗でやらなければ意味がないよ」と、すぐに全店展開させました。

別に、自分が発案したメニューで愛着があったから固執したわけではありません。たとえば、かつて私が考えたサラダうどんは、数店舗で試験的に展開したところ売上が伸びなかったので、他の店舗に広がることなくメニューから消えていきました。

では、なぜ煮干しラーメンは全店舗で展開するように指示したかといえば、それはヒットするのが読めていたからです。

近年、外食のラーメンはとんこつスープが市場を席巻しています。脂がギトギトで、きっと身体には良くないだろうとうすうす感じながらも、みんなが食べている。一方で、世の中全体は健康志向です。どう考えても時代に合っていないから、とんこつブームはそんなに長く続かないだろうなと予測したわけです。

時代の流れを読むことの大切さ

時代には流れがあります。それを痛感したのは、昔、不動産業で土地を売っていた一九六四（昭和三九）年ごろのことです。

私は、別荘地を開発し、それを売る仕事を担当していました。とは言うものの、始めてから数カ月間は全くの空回り。しかし、ちょうどそのころ、日本は戦争による焼け野原から復興し、国民の心も落ち着き、安心感を求めるようになっていました。さらに、少しさかのぼって一九六〇（昭和三五）年には池田勇人《はやと》首相が所得倍増計画を提唱。これらの要素が重なり、何はなくても土地さえ所有していれば幸せになれるという「土地神話」が、まさに日本中に浸透していたのです。

そんな背景もあり、別荘地の購入は一度火がつくと止まりませんでした。私一人で、三カ月のうちに六一件の契約をこなしたこともあります。一件、また一件と、土地は流れるように売れ続けました。社員は一〇〇〇人を超え、入金が多すぎて、近所の銀行が専属の窓口まで置くようになったほどです。時代の流れに乗れば、すごいことになるのです。

私は煮干しラーメンを食べたとき、別荘地を売ったときのような時代の流れを察知しました。だから全店展開を指示したわけです。

普通、新しいメニューが追加されると、パイを食いあって、他の既存メニューの売上が減ってしまうものです。しかし煮干しラーメンの場合、その分の売上だけが純粋にあがり、他のメニューの売上が影響を受けて減ることはありませんでした。時代の流れを味方にした商品は強い。そして流れを察知したなら、大きく勝負に出るべきなのです。

義父から学んだ、会社のあるべき姿

ある商店で、旦那様と奉公人の伝七《でんしち》との間で交わされたやりとりをご紹介しましょう。

「伝七や、伝七や。あの沖ゆく船を見よ」

旦那様が言います。すると、伝七がこう答えました。

「東風《こちかぜ》吹けば、よけもしょうかい」

これは、私の義父が正月になると繰り返し口にしていた話です。昔、奉公に出ていたとき、そこのご主人から聞いたそうです。

義父・高助は実子が生まれてからというもの、私に対して辛く当たるようになり、当時は何度も嫌な思いをしました。しかし、さすがは商売人というべきか、折にふれて口にする言葉には、独特の重みがありました。振り返れば、そんな義父の言葉の数々から、私は商売のコツを少しずつ学び取っていたのかもしれません。

このやりとりも、当時は何を言っているのかわからなかったのですが、大人になって自分なりにいろいろ調べた結果、こういうことではないかと解釈するようになりました。

帆掛け船が、風を受けて沖を滑るように走っている。船に積まれているのは、北の紅花、昆布、鮭《さけ》……。文字通り、〝順風満帆〟の状態です。伝七は、「ああ、旦那様は『うちの店もあの船のように、悠然と走って繁栄しているぞ』と言いたいんだな」と考えるわけです。

それでは、伝七の返事はどういう意味か。東風とは、冷たい風です。その風が吹いたら稲は枯れ、りんごは落ち、八百屋は雨戸を閉めて、店じまいしてしまうといいます。つまりここでの東風は、不景気風を表しているということになります。

続く「よけもしょうかい」は関西弁です。標準語で言えば、「避《よ》けもしてやろうかい」ということになるでしょうか。丁寧に言うならば、「私が風を避けてもあげましょう」。

つまり伝七の言葉は、「世の中が変わって不景気になっても、私たち従業員が一丸となって防波堤になりますから、一緒に頑張りましょう」——困ったときは、みんなが協力しなくてはいけないことを伝えようとしているわけです。心に残る、とても良い言葉です。

この話から推測するに、従業員も経営者も一体となって不景気に負けず、会社を盛り上げていくという風潮が、日本には昔から伝統としてあったのでしょう。そんな精神が、どうも昨今の一部の企業には欠けているように思えるのは残念なことですが……。

雨降りには、経営者は傘になれ

そんな東風が吹くような不景気に、誰よりも頑張らなくてはいけないのが経営者です。

私はこんな言葉を考えました。

「雨降りには、経営者は傘になれ」

どこかで聞いたことがある、と思った人は勘が良いですね。これには元になった言葉があります。それは「銀行は、雨の日には傘を貸さない」です。ドラマ『半沢直樹』で同じ趣旨のセリフがあったので、記憶に残っているという方も多いのではないでしょうか。

会社の業績が好調であるときには、銀行は快く融資をしてくれます。しかし、ひとたび経営が悪化して苦しくなると、回収できなくなるかもしれないと、お金を貸すのを渋る。つまり晴れの日には優しく接してくれるけれど、雨の日に困っていても、手を差し伸べてくれないという皮肉です。

経営者はこの逆の姿勢でなければいけません。もし従業員が雨に降られて困っていたら、真っ先に飛んでいって、傘を差し出す。傘がなければ、自分が雨を引っかぶっても傘になるぐらいの覚悟が必要です。従業員を守るのが経営者の役目なのです。

昔、富士そばの業績がふるわなかったときに、役員から報奨金制度をやめようという案が出たことがありました。お金に余裕がないわけですから、もっともな話です。しかし私は苦しい状況を十分理解しながらも、存続を訴えました。なんなら自分の報酬をカットしても良い、ぐらいの心中でした。ここで傘を引っ込めたら従業員はずぶ濡れになり、風邪をひいてしまうかもしれませんから。

一方、晴れの日には、経営者は傘を閉じて、静かにしていれば良いのです。あれをやれ、これをやれと出しゃばると、かえって従業員が動きづらくなるだけ。経営が順調なときは、経営者は必要ありません。傘を閉じて、物陰で静かにしていましょう。

威張ると運は逃げていく

運は情報だ

「会長は強運の持ち主。ギャンブルをすると、いつのまにか勝っていますよね」

社員からそう言われたことがあります。どうも私は運が強い、というイメージを持たれているようです。確かにこの商売でここまで大きくなれたのは運が良かったからかもしれません。そう思う反面、普段の生活で宝クジに当たったこともないし、道端で落ちている大金を見つけたこともありません。そこまで人並み外れて運の強さを感じたことはないのです。

その運に関して、私にはある一つの考えがあります。まず、一般的に運というものは存在するのかどうかはっきりせず、とらえどころのないイメージを持たれていますが、確実にあるものだということ。そしてその正体は、つまるところ情報だと思うのです。

たとえば山で遭難してしまったとします。そのときに助かった人は、周りから「あの人は運が良い」と評されるものです。

もし山中をがむしゃらにさまよって、たまたま救助隊と遭遇したというのならば、幸運だったと言えるかもしれません。しかし中には自らの力で、助かる確率を高めた人もいるはずです。

山道で迷ったとき、普通であれば元のルートに戻ろうとして、あわててあちこち動き回ってしまうのではないでしょうか。しかし本当は、「その場に留まり体力を温存する」というのが助かる可能性を高める一つの方法だそうです。その情報を知っている人であれば、むやみに動かずに待ち続けるでしょう。その結果、救助隊に救われたのであれば、単純に運が良かったわけではなく、情報があったからこそ助かったと言えるでしょう。情報を持っておくことで、運は拾えるものなのです。

第二章で書いたように、私は二度目の上京の際、東京から大宮を目指しました。しかし電車を間違えてしまい、乗った電車は大宮ではなく、福島県東部の平行き。まだ若かった私は、そのままどこかで下車して、そこで働くことに決めました。

途中、大きな集落がいくつもありましたが、私は降りませんでした。結局、下車したのは、湯本という駅。駅前には一本の道路だけが通り、ビル一つありませんでした。

これには理由があります。車中で話したおばあさんが、「湯本のあたりには炭鉱と温泉街があるんだよ」と教えてくれたからです。

それより前に愛媛県松山の道後温泉に行ったとき、温泉のあるところは栄えていることを学んでいました。結局、駅前は寂れていたけれど、私は最寄りの炭鉱まで行って職を得ることになります。砂利の運搬をして働いた後、倉庫番に抜擢され、高校の夜間部に通うようになり、さらに東京の高校へ転校しました。

「たまたま湯本で降りて、ラッキーだった」というわけではありません。情報があったおかげで、より良い道へと進めたわけです。運が強いというのは、いろんな情報が入ってきているということ。心がけである程度、コントロールできるものなのです。

偉ぶると人は逃げていく

ところが世の中には、てんで情報が入らない人もいます。それはどういう人かといえば、つねに威張っている人です。

趣味でゴルフに行って、友達とスイングについてアドバイスをしあうことがあります。しかし「こうした方が良いよ」と声をかけても、「うるさいな、そんなのわかってるよ」とふんぞり返るような人間には、誰も正しいスイングを教えたいとは思いません。

仕事も同じです。昔、知人を富士そばに入社させたことがありました。ずるをしてでも一番になりたがるし、自分一人で独善的に物事を進めようとする性格で、その我の強さが仕事ではプラスに働くかもしれない、と期待をして誘ったのです。しかし読みは見事に外れました。とにかく威張るのです。

下についた社員から、すぐさま「あんな威張る人にはついていけません」という苦情が届きました。威張る人には情報が入ってこないし、運もつかない。会社にとってプラスになることは、ほぼありません。早々に見切りをつけて、お暇《いとま》してもらいました。

こんな経験もあります。不動産業をしていたころ、口からツバを飛ばすぐらいの勢いで、ひたすらしゃべりまくる営業マンがいました。そのとき、常務だった私は「お客様の前では、あまりしゃべらない方が良いんだよ」と注意しました。

しかし、その男は私の忠告に顔をしかめると、「常務に指導してもらいたくないですね。私は私のやり方でやります！」と一蹴したのです。

対照的に、口下手な営業マンもいました。しかし彼はかなりの数の契約を取ってくる、なかなかの腕利きでした。「しゃべりが得意ではないのに、どうしてだろう？」と最初はふしぎだったのですが、そのうちわかりました。彼はとにかく人の話をよく聞くのです。セールスに行っても、自社の商品の話をするよりも、相手の話や要望を根気強く聞いている。一方、しゃべりまくる営業マンは、上司である私の意見もいっさい聞きませんでした。

どんな話でも「俺はすごいんだ」という態度で、自信満々に説明されたら、相手は聞く気になりません。まずは、相手の話を聞くこと。それによって相手は「自分は受け入れられた」と感じて、初めて目の前の相手のことも受け入れようと考えるようになります。

絶対に威張ってはいけないし、人の話には必ず耳を傾ける。これは仕事だけでなく、夫婦間でも、どんな人間関係においてもつねに守りたいルールです。

情報は人付き合いの中から

普段、情報をどこから得るかといえば、私は人付き合いの中から多くを得ています。本や雑誌に目を通すという人もいるでしょうが、私にはそんなにたくさんのものを読む時間はありません。それに、日常生活の中でいろんな人と会って、いろんなことを教えてもらう方が心に残るような気がします。

しかし例外はあって、いくら会っても情報をくれない人もいます。それは、経営者です。

私はこれまで、たくさんの経営者と会ってきました。会う人すべてを魅了してしまうような性格の良い人から、嫌われすぎていて、後ろを向いた瞬間にみんなから石を投げられるだろうと言われるような人まで、さまざまなタイプを見てきました。

性格が良かろうと悪かろうと、ビジネスで良い話を持ちかけてくれる経営者はまず存在しません。経営者というのは計算高いものです。良い話があったら、どう考えたって自分でやるに決まっています。甘い話は流れてこないのです。

どうしても腹の探りあいになってしまいますから、私は経営者とは距離を置き、あまり積極的には会わないようにしています。もちろん向こうも、私のことを「食えないヤツだな」と同じように見ているでしょうが……。

よその会社を訪問したときは、社長よりもむしろ、働いている従業員に話しかけます。ホテルだったら清掃員のおじさん。旅行会社だったらカウンターで接客しているスタッフ。最近どうですかと聞けば、

「女性一人だけでの宿泊客が増えています」

「アジアよりヨーロッパ方面が人気なんですよ」

など、明快な答えが返ってきます。現場の方が事業の実情や真実をよく知っているもので、こうした情報の方が仕事のヒントになることが断然多いのです。

私がよく行く床屋さんは、おしゃべり好きなおばさんが切り盛りしています。床屋は近

隣に住んでいるお客様とよく話すから、自然と情報が集まってきます。先日も周辺の地域一帯について、あれこれと教えてくれました。

「丹さんねえ、この地域は雷が落ちにくいんだよ。なんでかっていうと、近くに通信会社があるでしょう。そこを雷が直撃したらシステムトラブルが起きるから、避雷針を立てているんだって」

さらにその話を発端に、周囲に比べるとこの地域は標高が高いとか、地盤が固いとか、話は多岐にわたりました。なんてことのない世間話のようですが、おかげで近隣の地形がよくわかりました。今後、その近所で出店を検討する際に役に立つかもしれません。

東京の人は心に壁をつくって、知らない人に話しかけるのが苦手なようですが、幸い、私は田舎者だから人に話しかけるのは苦ではありません。私以上に田舎の地域から出てきた知人の男性は、それこそ誰彼構わずに話しかけています。でも情報を得ることを考えたら、そうやって声をかける面の皮の厚さや勇気は大事でしょう。結果的にその方が、何かを教えてもらったり、仲良くなったりして運につながりますから。

これが、もし「俺は富士そばの会長だ。どうだ、偉いだろう！」と威張っていたら、誰も何も教えてくれなくなります。だから私はいつも腰を低くして、「友達のような関係」になるよう心がけているのです。

経営者だからと特別扱いを求めない

店舗を見回っていたときのことです。ある店長が、私が店内に足を踏み入れるやいなや、「会長、いらっしゃい！」と威勢よく出迎えてくれました。

お客様の前で、わざわざ会長なんて言わなくても……と思いながら、席に着きました。そのとき、私は天ぷらそばが食べたい気分でした。しかしお店は混んでいます。早くつくれるメニューの方が迷惑がかからないだろうと判断し、きつねそばを頼みました。

注文してすぐに、その店長は他の注文を差し置いて、「お待たせしました！」と大きなお盆を持って来ました。

お盆を覗き込むと、きつねそばだけでなく、水の入ったコップ、さらにつゆだけが入った小皿が置かれています。私がそばつゆの味を確認することを想定して、あらかじめ分けてくれたようです。心遣いはわかりましたが、私は敢えて注意しました。

「忙しいときに、わざわざこんなことしなくていいよ！　他のお客様にも失礼だろう！」

別にゴマをすっているわけでもないでしょうし、よかれと思ってやったことでしょう。

後で聞いたところ、直前に勤めていた飲食店では、会社の上層部が見回りに来たらこのように特別扱いして迎える習慣だったようです。

私が店を訪ねるのは、店内が清潔であるか、味はしっかりしているか、みんな元気に一生懸命働いているかを確認するためです。いつも通り、普通にやってもらえば良いのです。極論すれば、私のことなんて一番後回しで構わない。

平等に接するようにしないと、お客様や他の従業員は「この人だけ特別扱いされているな」と敏感に感じ取ります。たとえそれが会長や上司だからといって、自分の順番を飛ばされるようなことがあったら、あまり良い気持ちはしないはずです。

偉ぶることや、特別扱いを求めることには百の害はあっても、一の利もありません。

社長室なんて必要ない

「鳥ぎん」は戦後、銀座で初めて釜めしを常設メニューにしたことで知られ、今もなお愛される老舗の料理店です。釜めしと焼き鳥をメインに提供し、今は都内を中心に全国で一四店舗を展開しています。

富士そばの経営をするにあたって、「鳥ぎん」には強い影響を受けました。

まだ若い時分、社長と知り合って、銀座の本社に遊びに来いと誘われたことがあります。そこで銀座へ行ってみると、会社がどこにあるかわかりません。さんざんうろついた後、路地裏の奥にある小ぢんまりとした建物を見つけました。住所は確かに合っています。しかし、全国展開しているチェーン店の本社にしては、建物がずいぶん小さかった。間違っているのではないかと思いながら、半信半疑で中に入ってみました。

ビルの三階に上がると、フロア一面が何やら薄暗い。従業員が忙しく働いている光景を想像していたのですが、実に静かです。しばらくして目が慣れると、奥の方の小部屋で社長が私を手招きしていました。その横には事務員が一人か二人いるだけ。こんなに狭くて暗いところが本社で、社長室さえもないということに私は衝撃を受けました。

「鳥ぎん」の社長は、その理由を説明してくれました。

「今まで、儲かった飲食店が規模を拡大した途端に、事務所を大きくして潰れる例をたくさん見てきた。事務所を立派にするなんて、無駄でしかない。儲けが出たら、商品開発や従業員の待遇改善に使った方が良いんだよ」

この言葉に感銘を受けた私は、さっそく真似をしました。それから長年、立地の良い渋谷駅近くに事務所を置いてきましたが、事務所は地味なもので、社長室も置きませんでした。「ずいぶん質素な事務所ですね」と好奇の目で見られても、「応接セットを揃える資金があったら、その分を店の床の大理石に回したい」と思っていましたから。

ちなみに「鳥ぎん」はその歴史と規模のわりに、名前を知らない方も多いように思います。それはお金を派手にかけて宣伝をしていないためで、富士そばが宣伝に走らないのもその影響です。

ただし、二〇一五(平成二七)年にそれまで都内各地に点在していた会社を一カ所に集めた際、さすがに必要だろうと感じて今の二代目社長が使う社長室をつくりました。私は会長になりましたが、相変わらず専用の会長室はありません。作業をするときは社長の机の前にある小さなテーブルを使わせてもらっています。富士そばの物件同様、間借りです。

応接セットでもあれば箔《はく》がつくかもしれませんが、偉く見られたところで別にメリットはありません。

経営者の最も大切な仕事とは

経営者の仕事は究極的にはたった一つ

「本社の事務員は、何時から何時まで働いているんだ？」

先日、近くにいたスタッフに聞いてみました。

「事務員は九時から一七時、係長や常務は一〇時から一八時までですが……」

スタッフは「まさか会長、知らなかったんですか？」とでも言いたそうな顔をしていました。もし聞かれたら、「うん。正確な就業時間、今初めて知ったよ」と答えていたはずです。冗談ではなく、それまで本当に知らなかったのです。

この話を聞いて、「あなたは経営者なのに、一体どんな仕事をしているんだ！」と目くじらを立てる人がいるかもしれません。経営者といえば、会社のありとあらゆることを把握しているイメージがありますから。

そもそも、経営者の仕事とは何でしょうか。「経営に関する数字を細かくチェックする」「従業員を叱咤《しった》激励する」「株主に事業内容を説明する」……。

いろいろありすぎて、挙げていけばきりがないでしょう。しかし、私は経営者の仕事は、突き詰めていえば一つだけだと考えています。

それは何かといえば**「どうしたら従業員の意欲が出て、働きやすくなるかを考えること」**。これが唯一無二の業務なのではないでしょうか。

「会社の財産は人だ」と第一章で書きましたが、ただ従業員の頭数が確保されているだけではダメです。彼ら、彼女ら一人一人が、心から「よし、全力で働こう！」と思ってくれないかぎり、会社は動きません。その気持ちを抱いてもらうために動くのが、トップの最も重要な仕事であり、責務であると言えます。

それに比べたら、あとは瑣末《さまつ》なこと。従業員の正確な就業時間も知っていた方が良いとは思いますが、別に知らなくても良い。大胆にいえば、経営の本質は数字にはないのです。

ただし、「仕事は一つ」と言い切りましたが、正確にいえば二つに分けられるかもしれません。前半の「意欲を出してもらう」と、後半の「働きやすい環境をつくる」。特に重要なのは、前半の意欲です。

どの会社でも、従業員に意欲を出してもらうための方針があるはずです。仕事に責任と裁量を与える。「もっと頑張れ！」と励ます。成果が出たら評価する……。それぞれの方法論がある中で、大前提として必要なのは、適切な報酬でしょう。労働の対価が十分でなければ、誰だって力が入りません。

そのために、経営者は儲かる仕事を見つける。その上で業績をあげる。売上があがったら、従業員の隅々まで利益が行き渡るようにする。これが一連の業務です。

儲かる仕事を見つけるのは、当然ながら簡単なことではありません。知り合いの経営者に「あれも儲かるのでは。これも稼げるのでは」と何にでも手を出す人物がいて、最後には倒産してしまいました。そんなにキョロキョロしないで、「これで稼ぐ！」と決めたら、腰を据えて勝負する。そうしないと、事業は儲からないものです。

金銭面で見通しがつき、この会社なら食っていけると思ってもらえれば、従業員のやる気はある程度向上していきます。そして意欲が生まれた従業員には、次のステージとして、

「こんなメニューがあったら良い」「年末年始には休みが欲しい」といった要望が芽生えてきます。経営者はそうした声に応じて「働きやすい環境をつくる」のです。

この二つをクリアすると、会社全体が一丸となり、盛り上がっていきます。人間、働きやすい職場で稼げていれば、簡単には辞めないものです。

経営者の仕事は皆さんが思っているほど複雑ではなく、シンプルです。ただし、「ボーッとしているように見えても、案外難しいんだよ」とは言っておきたいです。

夢をつくる

「従業員が働きやすい環境をつくる」。経営者の役割として、これに次いで重要だと私が考えていることについても、本章の最後にお話ししておきましょう。

現在、富士そばは海外に一〇店舗を展開しています。二〇一三（平成二五）年から出店を始め、一号店はインドネシアのジャカルタに立ち上げました。その後、台湾、フィリピンにも出店し、今後は中国に進出する予定です。

まだ売上はそれほど大きくなく、利益だけで見れば、そこまで大きく会社に貢献しているわけではありません。また、将来的に売上が伸びる保証もどこにもありません。

しかし、私は国内では「出店は慎重に、撤退は迅速に」をモットーにしていますが、海外店に関しては売上をひとまずおいて、長い目で見ようと決めています。というのも、会社は利益だけでは決して回っていかないもので、夢が必要だと考えているからです。

富士そばを首都圏だけで展開しているのには、理由があります。これまで私は、「ここなら流行る」という確信のもとで出店しながらも、結果がふるわず店を畳むという失敗を何度も経験してきました。もうこれ以上、無駄な失敗はしたくないという気持ちが強く、確実に人のいる地域、人の通る立地に出店するという堅実な経営をしてきたわけです。

そうなると安定はしますが、大きな挑戦や夢はなくなってしまい、従業員の「なんだか面白そうだ。よし、やってやろうじゃないか」という前向きな気持ちが湧きにくくなる。そんな企業はお役所みたいなもので、活気がなくなります。

だから大きな夢が欲しかった私は、海外展開を、二代目社長に託したのです。そば文化さえもそれほど根づいていない外国で、立ち食いそば屋を出店して勝負するのは、一歩間違えれば荒唐無稽《むけい》とも言われかねませんが、成功したら非常に夢がある。「いつか海外で働いてみたい」という志を持った従業員に、可能性を与えることにもなります。

また海外だけでなく、新事業も展開しています。それが二八の乱切りそばです。今の富士そばの小麦粉とそば粉の割合は通常六：四なのですが、それを思い切って二：八にしようという試みです。よりコストもかかるため、通常のかけそばは三〇〇円であるのに対し、こちらは四〇〇円以上になりますが、これが非常に美味しい。

過去のものにずっとこだわっていても、いつかは飽きられます。だから基本は未来志向でありたい。海外進出や新事業があることで、会社全体がヴィジョンと希望を持って前に進んでいけるのです。

夢は大切なものです。八百屋で働いていたころは、いろいろ嫌なことも経験しました。人間関係で悩んだことも、身体中がボロボロになるまで働いたこともありました。どれも耐えられたけれど、一つだけ耐えられなかったのが、寂しさでした。仲間がいないことが辛くて辛くて、結局、寂しさを紛らわすために、同僚が何人もいる油屋に転職したのです。

今、ふと思うのですが、あのとき、「将来これを実現したい」という夢があったら、寂しさにも耐えられていたかもしれません。

これまでの人生でたくさんの障壁にぶつかってきました。困った、もう嫌だと言って、諦めるのは簡単です。だから私はこのように考えるようにしています。

「涙の川の向こうには、夢の岸辺が待っている。夢を与えられた自分は幸せ者だ。その夢を実現するために、もっと頑張ろう」

夢があれば、障壁も乗り越えられるのです。

藤枝健司常務が語る「富士そば」と丹会長

私は栄養士の学校を卒業後、数年間、飲食関係の仕事をしていました。

前に勤めていた会社は、二四時間動いているような環境だったんです。勤務時間帯は朝、昼、深夜と分かれているのですが、夜の一二時過ぎまで働いた後、会社に泊まり込んで、翌朝の五時から準備をするのが当たり前というような過酷なシフトでした。

そのような環境のために退職者が次々に出てしまい、慢性的に人手不足。厨房《ちゅうぼう》の下働きから抜けられない雰囲気があり、栄養士として就職したにもかかわらず、いつまで経っても希望していた事務職になれない。「こんなことをやりたかったんじゃない……」と思いながら、何もできませんでした。

結局その会社を退社し、富士そばにアルバイトで入りました。給料も良かったし、浅草店が家の近所だったから、腰掛けでしばらく働いてみよう程度の気持ちでした。ところが入ってみたら、仕事が面白い。それにシフトが八時間で、週二日の休みがきちんと確保されていた。さらに休憩時間も時給に含まれるし、有給休暇もある。これは良い会社に入ったぞと思いましたね。半年経ったころ、上司から「社員にならないか」と声がかかり、そのまま社員になりました。

細かい縛りがないのも性に合いました。それなりの規模で展開し、結構な店舗数があるのに、マニュアル化されていないチェーン店というのは珍しいかもしれません。

もちろん基本のマニュアルはあります。しかし端から端まで、「こうふるまわなければならない」という鉄則はないんです。たとえば、「麺の湯切りは五回振ること」などとはどこにも書かれていません。そのときの状況によって、水気を切る回数の正解は変わってくるかもしれないし、それにいろんな街があって、立地によってお客様の好みも変わります。だから教えられるのは大枠だけ。あくまでヴィジョンだけを与えて、教え方ややり方は個々の店に任せるという方針なのです。

なので個人のカラーを出して営業して良い、というムードがあります。よくしゃべる店長もいますし、あまりしゃべらない店長もいます。そのどちらがいても良い。

そうなると店長の性格によって、おのずと店舗の雰囲気が変わってくるものです。個性の強い店長が名物化していて、あの店長がいるから行きたくなる、という話もよく聞きます。それは喜ばしいことです。

というのも、来店されるお客様の六〜七割は常連さんで、富士そばのファンと言っても良い存在。そのお客様が何回来てくれるか、というところが大事なポイントになり、富士そばの場合、お店にも店長にもファンがついている感覚があります。

たまにアルバイトさんにもファンがいるようですね。それも従業員に至るまで、ある範囲内で裁量が与えられ、個性が発揮できている結果ではないでしょうか。

大切なのはコミュニケーション能力

店長時代、私はスタッフの人たちとできるかぎりコミュニケーションを取るように心がけていました。富士そばは二四時間営業で、年末年始を除けば年中無休。どれだけ優秀な店長でも、一人ではすべてを回せません。いかにスタッフにうまく働いてもらえるようにできるかが、店長としての重要な責務になります。

富士そばは、美味しい麺が打てるだとか、魚を芸術的にきれいにさばけるだとか、そこまで高い技術を要求する会社ではないと思います。一番求められる能力はコミュニケーション能力ではないでしょうか。店長は調理など一通りの基本スキルが求められますが、コミュニケーション能力の高い人が最終的に伸びる印象があります。

最初は誰もがアルバイトからスタートして、そのアルバイトの中から社員、そして店長、さらに係長へと昇格していきます。現場を知らない人は、富士そばでは上には上がれません。現社長ももともとは現場から入っており、そこを通ってきたことは大きな意味があります。現場の苦労を知っているからこそ、店の従業員の気持ちや求めているることがわかるわけですから。

会長の背中こそがマニュアル

穏やかな性格の会長ですが、お怒りになるときもあります。それは社員のやる気が見えないときです。売上が悪い中、しょうがないといった諦めた発言をする者がいると、「じゃあ、悪い中で君は何をやったんだ？　それが大事なんだよ」と言います。

いつも言われているのは、「売上は悪いときもある。だから、やる気さえ見られればそれで良いんだよ」ということ。飲食業は生活に密着して長くやる商売だから、失敗してもそこで終わりではない。立ち上がって一歩でも半歩でも前に進んでいれば、いつかは良くなるという考え方です。

あと、「長く続ける仕事だから、今頑張ってもすぐに飽きてしまうようではいけない。長く頑張れるように工夫しなさい」とも言いますね。短期的ではなく、広く、長く、大きく物事を見なさい、というメッセージは言葉の端々から感じますし、会長自身がとにかく長い目でものを見ている方です。

会長が心配しているのは、今後は人口が減って、優秀な働き手が少なくなり、延いては富士そばの成長が止まってしまうことです。バブルのころ、立ち食いそば屋はイメージの悪い職業として見られていて、ここでは働きたくないと言われ、人が集まらない時期がありました。そんな時代がまた来る可能性があるから、今のうちから従業員の待遇を良くして、長く働ける環境を固めておく。それが将来、富士そばの強みになると考えられているようです。

また会長は人の意見を聞く耳がありますね。「長きにわたって経営してきたのだから、自分の思うことさえ信じておけば大丈夫だ」というトップダウン式の企業も多いと思うのですが、会長は周囲に「どう思う?」と聞いて、「なるほどね」と答えを受け入れることがよくあります。

いろいろな考えがあるから、一つの考えが正解だとは言わないし、自分の考えこそが正解だ、とも言いません。

経営についても、「この形でこうやってくれ」と型にはめるようなことはせず、何事も、「そのへんは君らに任せているから、君らの好きなように、うまくやってくれ」

という指示を出されることが多い。

だから逆に怖く感じることもあります。「こういう形で、この通りにやってくれ」と命令されたのであれば、うまくいかなかった場合、「いや、その通りにやったんですが……」と言い訳もできます。しかし自由にやらせてもらって自分で意思決定している分、責任も重いですから。

そういうわけなので、細かいアドバイスを逐一もらうのではなく、会長の姿勢や態度を参考にしながら、自分たちは進んでいるのかもしれません。マニュアルは存在しませんが、たぶん会長の背中こそがマニュアルなんでしょうね。

第六章　富士そばでは、なぜ演歌が流れているのか

富士そばで演歌を流している理由

富士そばの店内では演歌が流れています。

今どき、演歌がかかっているお店なんて珍しいでしょう？　富士そばをそれなりに利用しているお客様の一部でも、「どうして演歌なんだろう、謎だ」と話題になることがあると聞きます。知り合いの作曲家・森川龍さんに「丹さん、店で演歌を流しなよ」と勧められたのをきっかけに、二〇〇一（平成一三）年ごろからかけ始めたのです。

初めは周囲から「ラジオの方が良いんじゃないか」「若い人は抵抗ありますよ」などと反対されました。しかし、今では演歌をかけるようになって、お店の雰囲気が良くなったと感じています。ありがたいことに「富士そばに来ると演歌が流れていて落ち着く」と言っていただけることもあります。私のような地方出身者で、東京に出てきて寂しさを感じているお客様は、特にホッとするらしいのです。

以前、新宿西口店に立ち寄ったとき、こんなことがありました。三〇歳ぐらいの女性が、そばの容器を返した後、すぐにお店から出ようとしないで、しばらくそこに立ち止まっているのです。

真剣な顔をして一点を見つめているので、なにか忘れ物でもしたのかなと思って観察していると、どうも彼女は、店内に流れる演歌に耳を傾けているようでした。

後で従業員に聞くと、いつもきつねそばを注文し、食後は演歌を聴いているとのこと。「ああいうお客様、結構いらっしゃるんですよ」と言われました。若い人には演歌は通じないかなと思っていたけれど、そんなことはなかったようです。

演歌の魅力は悲しさにあり

演歌の魅力は、普遍的なものでしょう。私が思うに、その魅力は特に悲しさにあります。たとえば、桜。春に桜が咲いていたら、皆さんは「きれいだ」「満開のときに集まって、みんなで花見で盛り上がろう」と思うかもしれません。でもそんなことを歌詞にして歌い上げても、大抵が「ああ、そう。それは良かったね」と頷《うなず》いて、それで終わってしまう。

咲く喜びよりも、散る悲しみにこそ目を向けるのが演歌の発想です。「散る花びらに我が恋映す悲しさよ」……そんな歌詞が頭に浮かんできます。

案外、実生活も同じではないでしょうか。嬉しそうな顔をしている人には、あまり興味が湧かないものです。でも悲しそうな表情の人には、「どうしたんですか?」と思わず声をかけたくなってしまう。人間は悲しさに共感して、自らの境遇に重ねてしまう生き物なのです。

だから演歌を聴いていると、他人の悲しみに敏感になります。苦しい状況で一生懸命に働く大変さや、辛い気持ちが想像できる。演歌を通して、他人の人生が見えてくるわけです。

人は誰でも、親が病気になったとか、配偶者とうまくいかないとか、子どもが反抗するとか、それぞれが悲しみを抱いて、苦労しながら生きています。演歌はそんな悲しみに寄り添ってくれるから、聴き終わると「負けないぞ」という気持ちにもなる。

私も波瀾《はらん》万丈な人生で、荒れた環境に身を置いたことも、失敗して打ちひしがれたこともありました。それをひとつひとつ乗り越えてこられたのは、演歌を聴いて、「頑張ろう」と思えたからに他なりません。

ちなみに、経営にも演歌の心は生かされていると感じています。演歌とは人生の苦労や逆境を歌い上げるもの。日ごろから演歌を聴いていれば、自然と苦労をしている人の気持ちがわかるようになるものです。また、本当に苦労している従業員と、大変なふりをしながら、実際には手を抜いている従業員を見分けるときのちょっとしたヒントにもなります。

ずっと夢だった演歌の作詞

作詞家として

お店で流れている演歌には一つのひみつがあります。実は、私が作詞した曲も数多く流れているのです。

私は経営者をしながら、同時に作詞家としても活動してきました。「丹まさと」というペンネームも持っています。

これまでに書いた詞は、合計すれば一〇〇〇曲を超えるのではないでしょうか。もちろん演歌専門です。カラオケに入っているものだけでも、何十曲もあります。

これまで、天童よしみさんや水森かおりさんの歌、つんく♂さんが作曲した曲に歌詞を提供してきました。大ファンである五木ひろしさんにも詞を書いたことがあります。五木さんから「丹さん、ありがとう。また書いてくださいよ」と言われたときには、天にも昇る気持ちでした。ただ、尊敬する五木さんに書くと思うと緊張してしまい、そうそう気安くは書けません。

作詞家を目指したのは、若いころに、とある曲と出会ったからです。

私は仲間がいなくて寂しいという理由で、かつて八百屋から油屋に転職しましたが、そこでも夜になるとみんな帰ってしまい、やはり寂しかった。

いつまでもこんな寂しい思いをするのかな……と心細く感じていたとき、折しもラジオから流れてきたのが、竹山逸郎さんと平野愛子さんの『愛染橋《あいぜんばし》』でした。

親子のめぐり逢《あ》いを歌った曲で、良い歌だなと心を打たれたのと同時に、「ああ、自分もいつかこういう詞を書けたら素敵だな」と思った記憶があります。だから、演歌を好きになったのと作詞家に憧れたのは、同時だったのかもしれません。

しかし当時は、仕事は忙しいし、四国で作詞を教えてくれる人もいないので、作詞家を目指すという考えにはついぞ至りませんでした。東京に出てきてからも学生、サラリーマン、そして経営者としてあわただしい日々を送り、いつか作詞をしたいという気持ちはそっと胸の奥にしまい込んでいました。

夢を諦めない

本格的に作詞を始めたのは、仕事に少し余裕が出てきた四五歳のときです。通信教育でしたが、私にとっては大きな一歩でした。

指導してくれる先生が、年に数回ほど、都内の大規模なホールで教室を開きます。その際、生徒の詞の中から優れた作品を選ぶので、日本全国津々浦々から二〇〇人ほどが集まるのです。選ばれたからといって、その詞がプロの歌手に歌われるわけでも、お金になるわけでもない。それなのに、わざわざ東京までやってくる。演歌に対して強い情熱を持っている人がこれだけいるんだ、と圧倒されました。

そのころ、褒められた詞が『かずら橋』です。かずらとは蔓《つる》植物のこと。それを縄にしてつくった、徳島の吊《つ》り橋を題材にしました。

「月に隠れてあなたに会いに来た。でも風が吹いて、なかなか橋を渡れない。向こうには好きな人が私を待っているのに……」というように、愛する男性に会う直前の女性の心の揺れを、吊り橋の揺れに重ねて書いた詞です。

当時は本業の富士そばを拡大しようとして、資金集めに奔走していた時期でした。出店にはとにかくお金がかかります。一方、作詞に必要なのは、紙とペンだけ。お金がかからない、良い趣味だったのです。

ただ、当時は作詞にそれほど真剣には取り組んでいませんでした。というのも、富士そばの店舗数が目標店舗数の八〇パーセント――具体的には目標店舗数が六〇店舗だったので、四八店舗を達成するまでは、経営に集中しようと決めていたからです。

そして五五歳のとき、ようやく富士そばの店舗数が四八店舗を超えました。自分へのご褒美という意味も込めて、いよいよ作詞に本格的に取り組んでみようと、六本木にある作詞教室に通い始めました。

それからは原稿用紙を持ち歩いて、時間を見つけては詞を書くようにしました。新規出店の物件探しで電車に乗っているとき、ゴルフ場で移動するとき。風景、人の表情や仕草、聞こえてくる会話。目に映るもの、聞こえるもの、あらゆるものをヒントに、あれこれ想像の翼を広げて、詞を書くのです。

長年憧れていた作詞は楽しくもありましたが、同時に辛くもありました。やはり言葉を生み出すというのは時間がかかるし、難しい作業なのです。

フレーズが出て来ないときは、全く出ません。生みの苦しみとはよく言ったもので、これが本当に苦しい。朝まで詞が書けず、フラフラになってしまったこともあります。それがあまりに続くので医者に行ったところ、脳梗塞が判明したこともありました。

努力した甲斐もあって、教室に入学して七年目に、白鳥みづえさんの曲の詞を書かせてもらいました。六一歳にして、ついに作詞家デビュー。諦めなければ、夢は叶うこともあるのです。夢は必ず叶うなどと無責任なことは言えませんが、諦めてしまっては叶うものも叶いません。

富士そばを「主」に

作詞家デビューを果たしてから八年、私は六九歳になりました。目標としていた六〇店舗の出店も達成して、作詞家としての実績も重なってくると、「そろそろ夢だった作詞業に専念したい。本業として挑戦したい」という気持ちが強くなってきました。

ちょうどそのころ、雑誌「オール讀物」の企画で、漫画家の東海林《しょうじ》さだおさんと対談をすることになったのです。東海林さんはいわゆるB級グルメに通じていて、富士そばのファンだと公言してくれていました。

対談の途中、「目標出店数もクリアしたし、もう立ち食いそば屋はいいかな。これからは本気で作詞家を目指そうと思っているんだ」と私が言うと、見る見るうちに東海林さんの顔色が変わっていきました。何か失礼なことを言ったかな?と考えていたら、東海林さんは少し怒り気味にこう仰《おつしや》ったのです。

「君の経営する立ち食いそば屋に、社員やアルバイト、みんなの生活がかかっているんだろう?　それなのに、君はまだそんなことを言っているのかね」

そのとき、ハッと気づきました。自分の好きなことだけして生きていってはダメだ、ということにです。従業員の生活も支えている以上、もっとしっかり経営して、みんなの生活の糧になっていくことを考えなくてはいけないのだと。

立ち食いそば屋の経営と、作詞家。どちらを「主」にするか。二つの間で揺れていた時期でしたが、それからは立ち食いそば屋を主にしようと決めました。富士そばの事業を広げ、店舗数を増やすことに専念しようと決意したのです。

現在、富士そばがこれほどまでに拡大したのは、東海林さんに叱られて踏ん切りがついたおかげ、と言っても良いかもしれません。

演歌はいろいろなことを教えてくれた

才能とは残酷なもの

作詞の教室が開かれるのは、夜。週に一度のペースでした。生徒は四〇人ほどいて、その中では私が最年長。ほとんどが女性で、キャビンアテンダント、銀行員など、職業は多岐にわたっていました。

授業では、先生が生徒の書いた詞を読み上げてくれます。これが、「ああ自分はプロに近づいているな」という感覚を与えてくれているようで、胸がときめくのです。

ただ、こういうプロを本気で目指す場に上がると、否応《いやおう》なしに自分の才能を思い知らされます。私は決して偉そうに言える立場ではないのですが、クラスの中には著しく才能に欠けた生徒もいました。

詞はできるだけ簡潔に書く必要があります。思いついた言葉を削って、捨てて、少ない言葉でまとめなければいけません。それにもかかわらず、小説のようにびっしり長々とした文章で書いてくる生徒がいたのです。

おそらく、浮かんだ言葉がもったいなくて取捨選択できないのでしょう。先生が「これは詞とは言えません。もっと短くしなさい」とアドバイスしても、次の授業になると、また長く書いてくる。作詞家に憧れていても、才能が決定的に足りないことは明らかでした。

一方、私はどうだったか。ある日、生徒たちと話していたら、「丹さんはきっとプロの作詞家になれるよ」と言ってもらったことがあります。理由を聞いたら、立ち食いそば屋を何十軒も展開するだけの努力と粘り強さを持っているからだということでした。

確かに、中には教室に少し通っただけで面倒臭く感じたり、自分には向かないと思ったりして、すぐに投げ出して途中で辞めてしまう生徒が結構いました。それに比べると、私は諦めず、粘り強く取り組んだ方だとは思います。

でも、それと詞が良いかは別の問題です。

好きなことと才能とは別物である

作詞に本気で取り組んでみた結果、私の至った結論は「自分にはそこまで才能がない」。もし本当に才能があったなら、もっと依頼があって、もっと売れているはずですから。

物事に対するとき、人には次の四つのパターンがあるのだと思います。

一．好きで才能がある
二．そこまで好きではないけれど才能がある
三．好きだけれど才能がない
四．好きではないし才能もない

一は幸福です。もし好きなことを職業にできたら、最高です。四も特に問題はありません。難しいのは二と三の場合でしょう。

私にとって、作詞家は三で、立ち食いそば屋は二だったのだと思います。「好きではない」というのは言いすぎですが、好きで好きで仕方がなくて、それで始めた商売ではなかった。ただ、意識したことはなかったけれど、長年続けてこられたのだから、経営に関してはある程度の才能があったのだということなのでしょう。

とはいえ、何事においても「才能があふれて仕方がない」という人はごく少数のはず。私のように長く続けてこられた結果として、「実は案外、才能があったんじゃないか」と気づくことの方が多いのではないでしょうか。

才能に気づくのが遅れるということもあります。数年前、私の友達で絵が非常にうまい人がいて、あまりにうまいので「いつ習っていたの」とたずねました。すると返ってきた答えが、「特別習ったことはないよ。最近、自分でも絵がうまいことに気づいたんだ」。

彼は私と同い年。なんと、絵がうまいことが八〇歳になってわかったのです。

その年で才能に気づいて、これからプロになろうと思っても、さすがに時間がない。自分の好きなこと、向いていることを早く見つけるのは大事なことだと思いました。

だから好きかどうかという感情はいったんおいて、仕事をして他人から評価されたり、思わぬ成果が出たりしたときは、特に思い入れがなくても、才能があるという可能性を受け入れて、それを続けてみるのも良いでしょう。案外、それが天職なのかもしれません。

一方で、本当に好きなことは、たとえ本業にできなかったとしても続けるのが良いと思います。趣味としてでも良いですが、一円でも稼げる副業にまで持っていければ、なお良いでしょう。「自分は好きなことをやって稼いでいる」という充実感が生まれて、人生にハリが出てきます。結果、本業も頑張れるようになって、より自分らしく働ける。それに、本業ばかりやっていては、振り幅が狭くて人生がつまらないですから。

ある医学生の思い出

夢に向かって必死に働くことの尊さ。苦労をしている人の心の苦しさ。好きなことと才能とは別物であること。そして、本当に大好きなことを続けることの意義。思い返せば、演歌は私に実に多くのことを教えてくれました。

そんな演歌の持つ力に背中を押されるのは、私だけではないようです。本章の最後に、演歌にまつわる出来事の中で、最も思い出の深いものを紹介させてください。

この章の冒頭で、店で演歌に耳を傾けていたという女性の話に触れました。彼女以外にも、富士そばで演歌を聴いて共感した、勇気をもらった、と言ってくれる人は多く存在します。次のエピソードも、そんなお客様の一人に関するお話です。

ある深夜の市ヶ谷店。くたびれ果てた様子の女性客が一人で入ってきたそうです。肉そばをオーダーし、心ここにあらずという感じで、箸を動かしていました。

やがて、店内に演歌が流れ出しました。しばらくして、その女性の様子がおかしいことを察知した従業員が目をやると、彼女は肩を小さく震わせて、ポロポロ泣き出したのです。声をかけたら良いのか、迷いながら見守っていると、彼女はいきなり立ち上がりました。そしてこう声に出したそうです。

「私、もう一回頑張る！」

肉そばを食べ終わった彼女は、夜の街へと消えていきました……。

それから二年後、市ヶ谷店に一通の手紙が届きました。なんと、あのときの彼女からだったのです。そこにはこんな内容のことが書かれていました。

「私は医大を目指す受験生でした。しかし、三度も不合格が続き、もうダメかもしれないと心が折れそうになりました。勉強にも身が入らず、ふらふらと街を歩いていたある夜、なんとなく入ったのが富士そばです。店内に演歌が流れていました。歌詞に耳を傾けているうちに、自然と私は励まされていました。このままじゃいけない。もう一回、受験を頑張ってみようと思ったのです。その後、大学に合格でき、私は今、医者への道を歩んでいます。その節はありがとうございました」

演歌が心の琴線に触れたのでしょう。この話を聞いたときほど演歌をかけていて良かったと思ったことはありません。以来、二四時間、自信を持ってお店で流すことにしました。

なぜ演歌が心に響くのか。それは演歌が人の心を歌っているからです。演歌の題材は、酒、海、夜、別れ……など、いろいろあります。ただ、それはどれも単なる情景を歌っているのではありません。その状況に身を置いていたり、体験していたりする人の心こそが、本当のテーマだと言って良い。苦労している人ほど人の気持ちに寄り添えるから、演歌が心に沁みるわけです。

第五章で、富士そばはサラリーマンをターゲットにしていると書きました。私は、日本のサラリーマンはとてつもない苦労をしていると思っています。家庭では父親として子供を育て、家を買ってローンを払う。会社では身を削るようにして勤勉に働く。そんなサラリーマンの方々を目にするたびに、できるだけ安い値段で少しでも美味しいものを提供してあげたい、それによって少しでも元気になってほしいという気持ちになるのです。

サラリーマンだけではありません。すべての方が、日々の生活でさまざまな苦労をされているはず。富士そばは、そうした辛い思いをしている方のためのオアシスであり続けたいと思っています。そして、ご来店いただいた暁には演歌を聴いてもらい、優しい気持ちになったり、小さな幸せを感じたりしてほしい。そばを食べて身体が元気になった上に、演歌を聴いて心まで元気になってくれれば、これに勝る喜びはありません。

というわけで、これからも富士そばでは演歌を流し続けるつもりです。

おわりに

この本をまとめているのは、二〇一七年の秋です。東京オリンピックを三年後に控え、だんだんと外国人観光客が増えてきたように思います。

ありがたいことに、海外のガイドブックでも紹介していただいているらしく、富士そばには外国人のお客様が多く訪れています。そばという日本食。和風の内装。流れている演歌。店先のディスプレイに置かれた精巧な食品サンプル。すべてが新鮮に映るのでしょう。さらに「富士そば」という名前が、「富士山＝日本の象徴」を連想させて、これもまた惹かれる一因になっていると聞きました。

自分でも、「富士そば」というのは良い名前だと思っています。それでは、なぜこの屋号にしたかというと……。

四国を離れ、初めて上京する際、私は長時間にわたり汽車に揺られていました。大阪、京都、名古屋……。次第に東京が近づいてきます。そして静岡を通過したとき、車窓の向こうから噂に聞いていた富士山が目に飛び込んできました。その瞬間、私は「これが本当に山なのか？」と驚いてしまいました。

というのも、私が住んでいた四国の一帯では、山といえば黒いものと相場が決まっていたからです。四国の山は木々が茂って暗く、遠くにある山はまるで影絵のように見えます。それが、初めて見た富士山は季節が春だったこともあって、山肌は青く、峰に雪がかかって、青と白の清廉な色合いに輝いていました。

圧倒的な存在感と美しさに心打たれ、私はしばらく呆然《ぼうぜん》と見つめていました。そしてふと、「あの富士山のように、日本一になりたい」という思いに駆られたのです。

元来、私は身体もそれほど強くなければ、勉強もそんなにできない少年でした。大きなことはできそうにないタイプだと自分でもわかってはいたのですが、それでも何かで一番になりたいという気持ちだけは捨てられませんでした。音楽でたとえるなら、ピアノやバイオリンのような花形の楽器で一番になれる器用さは持ちあわせていないけれど、ハーモニカやマラカスのような、脇で演奏に花を添える楽器であれば、コツコツと努力することで一番にもなれるのではないか、と夢見ていたのです。商売も、銀行や不動産のようなメジャーで華々しい業界ではなく、何か狭くて深い分野こそが自分には向いている気がしていました。

そういう思いがあって、立ち食いそば屋を一生の仕事にしようと決意したときに、その屋号はニッチな業界である「立ち食いそば」の「そば」に、目指すべき日本一の象徴として、憧れた富士山から「富士」を取って付け足して、「富士そば」という名前をつけたのです。

今振り返ると、この「幅広い業界にあれこれと手を広げず、立ち食いそばという世界に集中しよう」という決意の根底にあったのは、やはり「一つのことを集中して持続する」という母の教えであったことを、しみじみと感じます。

この本をまとめながら、義父や母から教えられた言葉が、いかに自分の考え方の基礎になっているかに改めて気づかされました。身体の骨格をつくるのは、毎日の生活で口にしているそばなどの食べ物ですが、心の骨格をつくってくれるのは言葉なのです。

あのとき、私が富士山に感じた清々《すがすが》しい感情が「富士そば」という名前を通して、外国人のお客様に、そして世界に届いていれば嬉しいことです。そしてこの本の言葉が読者の皆さんの心に残り、ビジネスの場に身を置いたり、人生の道筋を決断したりするときの助けとなれば、何よりも嬉しく思います。

名代富士そば　会長

丹　道夫

丹 道夫（たん みちお）

「名代富士そば」を運営するダイタングループの創業者。一九三五年名古屋生まれ。幼少期から青年期にかけて愛媛県西条市で育つ。東京栄養食糧専門学校卒業。四度にわたる上京と挫折を繰り返し、苦労の末に立ち食いそばチェーンの経営に至る。作詞家としての顔も持ち、ペンネームの「丹まさと」名義で歌詞を提供した演歌は多数。

集英社新書〇九〇八B

「富士《ふじ》そば」は、なぜアルバイトにボーナスを出《だ》すのか

二〇一七年一一月二二日 第一刷発行
二〇一八年一一月 六 日 第二刷発行

著者……丹《たん》 道夫《みちお》
発行者……茨木政彦
発行所……株式会社集英社
東京都千代田区一ツ橋二-五-一〇 郵便番号一〇一-八〇五〇
電話 〇三-三二三〇-六三九一（編集部）
〇三-三二三〇-六〇八〇（読者係）
〇三-三二三〇-六三九三（販売部）書店専用

装幀……原 研哉
印刷所……大日本印刷株式会社 凸版印刷株式会社
製本所……加藤製本株式会社
定価はカバーに表示してあります。

ISBN 978-4-08-721008-8 C0234
Printed in Japan

a pilot of wisdom

a pilot of wisdom

集英社新書　好評既刊

十五歳の戦争　陸軍幼年学校「最後の生徒」
西村京太郎　0895-D
エリート将校養成機関に入った少年が見た軍隊と戦争の実像。著者初の自伝的ノンフィクション。

ナチスの「手口」と緊急事態条項
長谷部恭男／石田勇治　0896-A
ヒトラー独裁を招いた緊急事態条項は、自民党改憲案と酷似。憲法学者とドイツ史専門家による警世の書！

名門校「武蔵」で教える東大合格より大事なこと
おおたとしまさ　0897-E
時代が急変する中、独特の教育哲学を守り続ける名門進学校の実態に迫る〝笑撃〟の学校ルポルタージュ！

すべての疲労は脳が原因3〈仕事編〉
梶本修身　0898-I
過労や長時間労働が問題である今、脳を疲れさせずに仕事の効率を上げる方法は？　好評シリーズ第三弾。

いとも優雅な意地悪の教本
橋本　治　0899-B
他者への悪意が蔓延する現代社会にこそ、人間関係を円滑にする意地悪が必要。橋本治がその技術を解説。

「本当の大人」になるための心理学　心理療法家が説く心の成熟
諸富祥彦　0901-E
成長・成熟した大人として、悔いなく人生中盤以降を生きたいと願う人に理路と方法を説いたガイドブック。

世界のタブー
阿門　禮　0902-B
日常生活、しぐさ、性、食事……世界中のタブーについて学び、異文化への理解と新たな教養がつく一冊！

人間の値打ち
鎌田　實　0903-I
人間の値打ちを決める七つの「カタマリ」を提示し、混迷の時代の〝人間〟の在り方を根底から問い直す。

物語　ウェールズ抗戦史　ケルトの民とアーサー王伝説
桜井俊彰　0904-D
救世主「アーサー王」の再来を信じ、一五〇〇年も強大な敵に抗い続けたウェールズの誇りと苦難の物語。

ゾーンの入り方
室伏広治　0905-C
ハンマー投げ選手として活躍した著者が語る、スポーツ、仕事、人生に役立ち、結果を出せる究極の集中法！

既刊情報の詳細は集英社新書のホームページへ
http://shinsho.shueisha.co.jp/